A. W. Grube

Streiflichter auf die Wandlungen und Schwankungen im neuhochdeutschen Sprachgebrauch

A. W. Grube

Streiflichter auf die Wandlungen und Schwankungen im neuhochdeutschen Sprachgebrauch

ISBN/EAN: 9783743496538

Hergestellt in Europa, USA, Kanada, Australien, Japan

Cover: Foto ©Andreas Hilbeck / pixelio.de

Manufactured and distributed by brebook publishing software (www.brebook.com)

A. W. Grube

Streiflichter auf die Wandlungen und Schwankungen im neuhochdeutschen Sprachgebrauch

Streiflichter

auf die

Wandlungen und Schwankungen

im

neuhochdeutschen Sprachgebrauch

von

A. W. Grube.

Leipzig.
Friedrich Brandstetter.
1876.

Vorwort.

Unter voranstehendem Titel hatte ich einen Aufsatz für eine pädagogische Zeitschrift auszuarbeiten unternommen, merkte jedoch erst im Niederschreiben, daß, was ich sagen und hervorheben wollte, sich nicht wohl auf einen oder zwei Druckbogen zusammendrängen ließ.

Ich wollte einerseits jenem übertriebenen Rigorismus entgegentreten, der, auf den Paragraphen der Grammatik pochend, am Buchstaben irgend welcher Regel klebt und für den lebendigen Fluß sprachlicher Entwickelung keinen Sinn hat; andererseits aber auch das Schwanken und die Unsicherheit unseres Sprachgebrauchs beleuchten und zum Bewußtsein bringen. Vergleiche zwischen der Sprache Lessings, Goethes und Schillers und der Sprachsitte der Gegenwart boten sich da von selber an und daß da auch mancher wunde Fleck unserer Muttersprache berührt werden mußte, war selbstverständlich.

In der Erkenntniß der schwachen und schwankenden Punkte liegt aber auch eine befreiende Kraft und es ist schon etwas gewonnen, wenn das Interesse für sprachliche Angelegenheiten auch im größeren Publicum geweckt wird. Unsere gelesensten Zeitungen, Wochen- und Monatsschriften haben ja auch begonnen, ihre Spalten hier und da orthographischen und grammatischen Erörterungen zu öffnen. Es sollte noch öfter geschehen, denn Alles, was unsere Muttersprache berührt, ist, wenn keine politische, so doch eine nationale Angelegenheit im tiefsten Sinne des Worts.

Bregenz, im Frühjahr 1876.

Der Verfasser.

1.

Wer nur einigermaaßen den Reichthum und die Bildsamkeit, die geistige Tiefe und seelische Schönheit unserer Muttersprache zu ermessen vermag, der wird sich auch gedrungen fühlen, in gerechter Bewunderung sie eine herrliche Sprache zu nennen, obwohl sie an Wohllaut und plastischer Schönheit weit hinter dem Italienischen, an logischer Bestimmtheit, Klarheit und Schärfe hinter dem Englischen und Französischen zurücksteht. Sie hat vor allen modernen Sprachen den frischen organischen Bildungstrieb, eine Biegsamkeit und Federkraft voraus, vermöge welcher sie sich den feinsten Unterschieden und Regungen des Gedanken- und Empfindungslebens anzupassen weiß, nicht minder aber auch die Eigenthümlichkeit fremder Idiome wiederzugeben im Stande ist. So ist sie wie keine andere die Sprache der Philosophie und Gelehrsamkeit, fähig, die Schätze aller Literaturen in sich aufzunehmen und zu verarbeiten. In der Uebersetzungskunst haben die Deutschen eine Virtuosität entwickelt, wie sie kein anderes Volk erreicht hat. Wir dürfen unsere Lutherbibel, unseren deutschen Homer und Shakespeare zu den Werken unserer Nationalliteratur zählen.

Doch an diese hohen Vorzüge unserer Muttersprache knüpfen sich auch tiefe Schäden und bedeutende Mängel; je strahlender und reiner das Licht auf der einen Seite, um so dunkler und leidiger der Schatten auf der andern. Die Bildsamkeit und Weichheit ihrer Formen hat so viel Verworrenes und Verschwommenes, Verschobenes und Schwankendes zur Folge gehabt, so viel Unschönes und Formloses zu Wege gebracht, daß selbst unsere besten Autoren nicht frei geblieben sind von allerlei Schwankungen, Stylfehlern und grammatischen Schnitzern und daß wir in dieser Beziehung keinen einzigen Classiker haben, der unbedingte Autorität in Anspruch nehmen könnte. Keine Sprache hat sich so wie

die deutſche mit ausländiſchen Flittern und Lappen behängt und das Fremde ohne Noth dem Eigenen, Angeſtammten vor=
ezogen. Keine hat ſich ſo wie die deutſche mit Gräcismen und Latinismen, Gallicismen und Anglicismen verunreinigt. Rein deutſch zu ſchreiben — ſagen wir es offen — iſt zur Unmöglich=
keit geworden; durchaus fehlerfrei (correct) zu ſchreiben, nicht minder!

Unſere Sprache gibt Jedem, der ſie beherrſcht, gewiſſer=
maaßen das Recht, ſie ſchöpferiſch fortzubilden, ſie verſtattet dem Schriftſteller die freieſte Bewegung für ſeine Individualität. Damit geräth er aber auch fort und fort in Gefahr, auf ſeine eigene Rechnung zu ſtraucheln und zu fallen, während das Conventionelle, die ein für alle Mal feſtſtehende Regel und ſcharf markirte Form den Italiener und Franzoſen bei Weitem mehr hebt und trägt, ſo daß auch der Ungelehrte viel leichter und ſchneller zu einem richtigen ſprachlichen Ausdruck gelangt und ſich viel ſicherer im Gebrauch ſeiner Mutterſprache bewegt, als dieß unſerem Volke möglich iſt. Man vergleiche die Rede eines franzöſiſchen Ouvrier oder einer franzöſiſchen Obſtverkäuferin mit der eines deutſchen Arbeiters oder Hökerweibes; jene haben viel=
leicht noch kein Buch geleſen, ſprechen aber ſo gewandt und der Bücherſprache gemäß, daß wir darob erſtaunen. Ein italieniſcher Schiffer recitirt Stanzen aus ſeinem Taſſo bei Weitem ſicherer und richtiger, als ein „jebildeter" Berliner ein paar Verſe von Schiller und Goethe. Gerathen doch ſelbſt unſere ſprachkundigſten und ſtylgewandteſten Schriftſteller nicht ſelten mit ihrer Sprache in die Enge, ihr Sprachgewiſſen verläßt ſie und ſie greifen nach einem deutſchen Wörterbuche oder einem ſtyliſtiſchen Werke, um ſich Raths zu erholen!

Der Deutſche findet in Allem, was die Form, die leichte gefällige Darſtellung betrifft, Schwierigkeiten und Hemmniſſe; er muß ſich überall auf die Regel erſt beſinnen und gelangt zum grünen Lebensbaum nur durch die graue Theorie. Vor lauter Gründlichkeit wird er ſchwerfällig und unpraktiſch; ſeine Gelehrſamkeit macht ihn pedantiſch und ſein individualiſtiſcher Hang, ſein Streben nach eigenartiger Geltung macht ihn unfrei. Das zeigt ſich auch in ſeiner Sprache. Wir haben eine Fülle gediegenſter Forſchungen über das Allgemeine und Beſondere; die Zahl der grammatiſchen Schriften für die Gelehrten= und die Volksſchule iſt Legion; aber wir haben noch keine deutſche Syntax, die einen durchgreifenden Einfluß auf die ſprachliche Praxis gewonnen hätte. Wir ſtoßen in der Wort= und Satz=
fügung auf eine Menge von ungelöſten Schwierigkeiten und Fragen. In der Wortfolge herrſcht eine wahre Meiſterloſigkeit. Wir haben nicht einmal eine Rechtſchreibung und das Aufblühen

der historischen Grammatik, weit entfernt, die Verwirrung zu beseitigen, hat dieselbe nur noch vermehrt. Jeder Professor und Volksschullehrer, der sich in's Alt= und Mittelhochdeutsche vertiefte, hielt sich für berufen und fähig, den Reformator zu spielen und ließ seinen romantischen Zopf lang herabhängen. Da der Eine immer noch radicaler verfahren wollte als der Andere, geriethen die Herren untereinander selber in Streit. Die Romantik, gleich viel ob auf politischem oder grammatischem Gebiet, ist aber ihrem Wesen nach unpraktisch. Der Einzelne, und hätte derselbe auch eine Schule zahlreicher und eifriger Jünger hinter sich, kann sich in Allem, was den Entwickelungstrieb der Sprache seines Volkes betrifft, niemals zum Gesetzgeber aufwerfen wollen, denn dieser Lebenstrieb hat wie alles Leben seine Wurzel im Unbewußten. Was abgestorben und veraltet ist, bringt kein Sprachgelehrter zu neuem Leben und was sich umbilden und umgestalten will, richtet sich nicht nach dem Gebot eines Sprachmeisters.

Würde aber nicht eine Akademie, wie die Pariser, wissen=schaftlich bedeutende Männer aus allen Gauen des deutschen Reichs in sich vereinend, sich das nöthige Ansehen schaffen und allgemein gültige Normen aufstellen können, nach denen der Einzelne sich zu richten hätte? Schwerlich! Abgesehen von der deutschen Vielköpfigkeit und dem Eigensinn deutscher Gelehrten — der allerdings auch groß genug ist — liegt in der deutschen Sprache selber das Haupthinderniß. Denn der Fluß ihrer Ent=wickelung ist zur Zeit noch so gewaltig und ungestüm, er rollt noch so viel Felsbrocken, Schlamm und Baumstämme mit sich, daß er aller Uferregulirung spottet. Wir sind noch nicht einmal im Stande, eine genaue Grenzlinie zu ziehen zwischen dem zwar Alten, aber noch immer Berechtigten und zwischen dem Veralteten, das dem Abgestorbenen gleich zu setzen ist; oder zwischen der erlaubten Aneignung fremder Sprachformen und der verwerf=lichen undeutschen Hingabe an das Fremde.

Wenn Einer heutzutage „Fürwitz" spricht oder schreibt, statt des gebräuchlichen „Vorwitz", so fällt das nicht sehr auf, wenn es auch etwas geziert klingen mag; mehr Anstoß würde es be=reits erregen, wenn Jemand „für Angst und für Schrecken" fast „umgekommen" sein wollte. Wer sich aber herausnähme, das Verhältnißwort „für" mit dem Dativ zu construiren — „für mir" „für der Welt" — der würde unser Ohr beleidigen und einen großen grammatischen Fehler machen. Und doch treffen wir noch bei Luther: „unansehnlich für der Welt" und noch bis zur Mitte des vorigen Jahrhunderts stand an der Stelle unseres „vor" eben dieß „für", wie anstatt unseres „für" das ältere „vor".

„Ich kann nicht lassen, mich noch immer vor den Ort meiner geburtt zu interessiren".
(Briefe der Herzogin Elisabeth Charlotte von Orleans aus den Jahren 1716—19.)

Unsere hiesige Standespersonen haben die Gewohnheit, es vor eine Flegelei zu halten, wenn man ihnen die Bücher vor ein Paar Jahren abfordert.
(Schubarts Briefe an einen jungen Ulmer, 1767.)

Das Verhältniß von „für" und „vor" hat sich im Lauf der Zeit geradezu umgekehrt. Bis in die Zeit unserer Classiker erhielt sich der Gebrauch des „für" in localer Bedeutung und des „vor" in persönlicher; dagegen stand, wo wir das kausale Verhältniß noch mit „vor" ausdrücken („vor Aerger, Neid" 2c.) „für".

Ich hielt es einigermaaßen vor eine göttliche Schickung 2c.
Sie wollen vor gewiß wissen 2c.
Was ich vor meine Arbeit erhalten habe 2c.
(Lessings Briefe.)

Dagegen bei Schiller noch häufig:
Die Achtung für die menschliche Natur.

Wohl nur um der alterthümlichen Wirkung willen:
Daß wir für Hunger und Elend schier
Nagen müssen die Knochen hier —
(Wallensteins Lager.)

Thun, als wenn sie zu fürnehm wären —
(Ebendas.)

Goethe hat fast durchgängig: „fürtrefflich", „fürwitzig", dagegen wieder „Vorbitte" (Fürbitte). Auch kommt noch bei ihm „für" und „vor" in Einer Periode hintereinander:

Ich dachte, er wollte für Neid und Verdruß auf der Stelle umkommen und ob er gleich als Meister den britten Theil meines Verdienstes erhielt, so kannte er sich doch nicht vor Bosheit.
(Horen, 2. IV.)

Im „Versuch eines deutschen Antibarbarus" von Joh. Fr. Heynatz (Berlin, 1796) standen „fürnehm" „fürtrefflich" „Fürwitz" bereits unter den „barbarischen" Ausdrücken und war ausdrücklich bemerkt, es müsse „vornehm", „vortrefflich" „Vorwitz" heißen.

Fast komisch klingt es dem, der nicht weiß, daß, „fur, vor, für" Eines Geschlechts sind, wenn „für" im Sinne von „wider" gebraucht wird, da doch „für" und „wider" in entschiedenem Gegensatz stehen —,,das Mittel ist gut für Gliederweh — für die Motten, Mäuse 2c." In dieser Verbindung hat sich dieß Verhältnißwort zu behaupten gewußt. Dagegen können wir nicht mehr sagen: „Behüt' uns für die Hölle!" Das bekannte Weihnachtslied aus dem 15. Jahrhundert: Ein Kindelein so löbelich — schließt:

> der du mensch geboren bist
> behüt' uns für die Hölle. —

und noch bei Lessing finden wir: ich will mich dafür hüten.

In den ältesten Ausgaben von Luthers Bibelübersetzung findet sich weder „vor" noch „für", sondern stets „fur", auch in temporaler Bedeutung: Richtet nicht fur der Zeit (1. Kor. 4, 5). Doch setzte Luther schon von 1530 an in solchen Fällen das Verhältnißwort „vor".

Wie „vor" und „für" haben auch „als" und „wie" im Lauf der Zeit ihre Rollen nahezu gewechselt. Im Mittelalter bis auf Luther stand „als" an der Stelle unseres vergleichenden „wie".

> waer ich ein also wiser man
> daz ich wol möhte — als ich doch kan —
> (daß ich wohl möchte, wie ich doch kann)
>   (Wirnt von Grabenberg im Wigalois.
>
> da ging ich slichent als ein pfâwe —
> (da ging ich schleichend, wie ein Pfau).
>   (Walther von der Vogelw.)

Nur im Plattdeutschen und Englischen hat sich das as im Sinne unseres „wie" erhalten. In einem Liede Fritz Reuters heißt es von den Franzosen: Sei hewwen hir stahlen as de rawen. Wir müssen im Hochdeutschen sagen: Er stiehlt wie ein Rabe und dürfen „als" nur gebrauchen, wenn das zur Vergleichung herangezogene Substantiv als Attribut dem verglichenen Subject oder Object zukommt und mit ihm identisch ist. Er kämpfte als Held (er war es) und er kämpfte wie ein Held (nach Art der Helden).

> Der Kaiser fleht, wo er als Herr befehlen kann.
>   (Schillers Wallenstein.)
> Ich gestattete ihm, sich an diesem Hofe wie der Herr, der König zu betragen.
>   (Ebendas.)

Lessing huldigt noch hier und da der älteren Sitte, „als" statt „wie" zu setzen, z. B. sagt Ernst zu Falk (Gespräche für Freimaurer):

> „Du antwortest mir als einem Fremden".

(statt: wie einem Fremden.)

Schon bei Luther trat an die Stelle des älteren „als" das neuere „wie"; doch behauptete sich ersteres noch im ganzen 16. Jahrhundert und auch bei Luther treffen wir noch: So Ihr Glauben habt als ein Senfkorn (Matth. 17, 20). Nur allmählich gewann das vergleichende „wie" Boden und noch zu Anfang dieses Jahrhunderts schrieb Körner an Schiller (Dresden, 4. October 1801.)

> Ein solcher Bund, als der unsrige, wird weder von dir noch von mir jetzt mehr geschlossen.

In unserer Zeit hat sich „als" noch behauptet in allen den Fällen der Vergleichung, wo die Gleichheit verneint wird, sei es durch Steigerung (er ist reicher, als ich) oder durch vorangehende Negation: Ich habe Niemand als ihn, dem ich's anvertrauen könnte. Er ist ein ganz Anderer — er hat sich ganz anders benommen —, als ich gedacht habe. Auch im comparativen „sowohl — als auch" und nach „ebenso".

> Er kann leicht ein ebenso guter Philosoph gewesen sein, als ich.
> Er kann leicht, wie ich, geglaubt haben ꝛc.
> (Lessings Briefe. *)

Wir sagen: „Er ist ebenso weise, als gerecht"; doch drängt sich auch das „wie" hervor:

> Die Trauer um den verstorbenen Kaiser ist eine ebenso allgemeine, wie aufrichtige.
> (A. A. Z. 1875, 153.)

In den Reden des deutschen Reichstages bedienen sich die norddeutschen Abgeordneten fast ausschließlich des „wie" nach „ebenso":

> Der Abgeordnete Windthorst hat es ebenso wenig wie ich einsehen können ꝛc.
> (Dr. Wehrenpfennig, in der Sitzung am 26. April 1875.)
> — Da derselbe den „Bayer'schen Volksfreund" redigirt, der fast ebenso ultramontan ist, wie „das Bayer'sche Vaterland."
> (Abg. Petri. Ebendas.)
> Die Feindschaft, welche die Curie gegen Preußen hegt, ist fast ebenso tödtlich und unversöhnlich, wie ihre Feindschaft gegen den Protestantismus.
> (Nationalz. 13. April 1874.)

Dieses „wie" ist nicht zu verwerfen, da es elliptisch einen vergleichenden Nebensatz bildet: „wie ihre Feindschaft gegen den Protestantismus ist." Nach dem quantitativen „so viel" wäre aber wohl „als" passender, denn „wie".

> Der Verleger vermochte kaum so viel zu drucken, wie man verlangte (st. als man verlangte).
> (Otto Glagau: Fritz Reuter u. s. D.)

Da in solchen Fällen im Grunde „als" und „wie" zusammenbleiben sollten, — „er druckte so viel, als wie man verlangte" —, so bleibt freilich die Kürzung die gleiche, mag man „als" oder „wie" fortlassen. Wir treffen bei Goethe öfters beide Conjunctionen zusammen:

> Es liegt die Welt so klar vor seinem Blick, als wie der Vortheil seines eignen Staats.
> Ich bin nicht mehr ich selbst und bin's doch noch so gut, als wie ich's war.
> Du bist so elend nicht, als wie du glaubst.
> (Tasso.)

---

*) Ges. Werke (Leipzig, J. G. Göschen, 1858) X. Bd.

Auch bei Schiller:

> 'S ist eine schöne Mondennacht. Der See liegt ruhig da, als wie ein ebner Spiegel.
> (Wilh. Tell.)

Rückert verband auch wohl beide Conjunctionen zu Einem Wort:

> Ich kam alswie ein Blitz und ging alswie ein Wind.
> (Rostem.)

„Es war mir nie so lebhaft, daß jetzt Niemand in der Welt ist, der das so hätte schreiben können, als ich" — schreibt Schiller an seine Lotte v. L. Die ausgeführte Ellipse müßte lauten: — als wie ich es vermag. In den Norddeutschen steckt noch immer die Neigung, sogar nach dem Comparativ als wie zu bringen und Just. Möser gab in einem unbewußten Drange dieser Neigung nach, als er in seinen Patr. Phant. schrieb:

> Er bedarf keiner fremden Hand, wie der Krämer und versteht die gute Erhaltung und Bewahrung der in sein Handwerk schlagenden Waaren besser, als wie dieser [es versteht].

Schreibt ein Schüler in solchen Fällen „als wie", so wird ihm das als Fehler angerechnet und mit Recht, da es für den Lernenden von größter Wichtigkeit ist, dem zur Geltung gekom= menen allgemeinen Brauch sich zu fügen. Eine bestimmte Regel, in welchem Falle „als" und nicht „wie", oder „wie" und nicht „als" zu setzen ist, läßt sich aber nicht aufstellen, da der Sprach= gebrauch zu sehr schwankend geworden ist. Wollen wir sagen: nach dem Adverb der Intensität „so", „so viel", oder nach dem temporalen „so bald" ist „als" zu setzen: Ich habe so lange ausgehalten, so viel gearbeitet, als ich konnte. „Sie kommen so gerüstet und mächtig als sie wollen" (Nahum 1, 12); sobald als möglich x. —: so mag man dagegen wieder vollkommen schriftgemäße „wie" halten: Er sei so klug und tapfer wie immer x.

> „Warum sollte mir das Alles nicht ebenso gut erreichbar sein, wie ihr?"
> (Spielhagen: in Reih und Glied.)

Neben dem „nichts als" treffen wir fast eben so häufig (obwohl nicht zu empfehlen) „nichts wie", z. B.

> An unserem Tische wurde nichts wie deutsch gesprochen.
> (Goethe, „Aus meinem Leben, Wahrheit und Dichtung".)

Besser wäre: nichts als.

> Es gibt nichts Heiliges als die Wahrheit.
> (Schiller, Philosoph. Br.)

Es werden neuerdings sogar Versuche gemacht, das etwas steife unförmliche „sowohl — als auch" abzukürzen, und statt des „als auch" bloß „als" oder auch bloß „wie" zu setzen.

— eine etwas wunderliche Erscheinung, sowohl was den Reiter wie was das Pferd betraf.
(Herm. Schmid, Hund und Katz — Gartenl. 1875, 27.)

Da ist aber schon das sich wiederholende „w" nicht wohl=klingend. Wir finden sogar „wie" nach Adjectiven im Comparativ nicht selten bei Heine, Gutzkow, Börne ꝛc., auch bei dem Schwaben Hölderlin. Selbst bei Schiller: ein Jüngling, der ebenso und noch ungestümer glüht wie Sie (Brief. an Wilh. v. Wolzogen), auch bei Goethe: wenn wir eintrafen in manche noch schlechtere Herberge wie diese ist (Stella). Klopstock sang in seiner Ode: „die frühen Gräber": des Maies Erwachen ist nur schöner noch wie die Sommernacht. Neuere Schriftsteller scheinen das „wie" in solchen Fällen ganz systematisch zu setzen, z. B. — „die schlauer und fürwitziger waren wie ich" „er sah blässer, wie gewöhnlich aus" „sein Gefühl mußte mächtiger sein, wie diese Idiosynkrasie" — Alles in einer kleinen Novellette von Levin Schücking, betitelt: Schuldlos. Gisbert Vincke — (Drei Morgenstunden, Ueber Land und Meer 1874) schreibt (doppelt incorrect):

„Ich bin ja beinah nicht kleiner wie du".

Otto Glagau (a. a. O.):

Trotzdem sind sie nicht schlechter wie hundert andere Stücke.
W. H. Riehl, (Culturstudien):
Kellner, die meist eleganter aussahen wie wir selbst.

Julian Schmidt (Fürst Pückler Muskau, Westerm.'s M.-H. Oct. 1875): —

— die gräulichen Ehestandsgeschichten ihres Vaters, der in diesem Punkte cynischer dachte wie die verwiesenen Franzosen.

Keinem Franzosen würde es einfallen in solchen Fällen comme statt que zu setzen; es ist eine Nachlässigkeit, ein schlottriges Sichgehenlassen, das diesem „wie" nach dem Comparativ Vorschub leistet.

Bis in die Mitte des sechzehnten Jahrhunderts hinein stand für unser „als" nach dem comparativen Adjectiv „denn" (dan); z. B.

Ein keiser hat ein edlen stein,
an dem vil groziu kraft erschein;
er was vil swaerer denn ein bli etc.
(er war viel schwerer als Blei).
(Ulrich Boner — 14. Jahrh.)

Bei Luther häufig: Ein Nachbar ist besser in der Nähe, denn ein Bruder in der Ferne. (Spr. 27, 10.) Seine Augen sind röthlicher denn Wein und seine Zähne weißer denn Milch (1 Mose 49, 12). Ein Prophet gilt nirgend weniger, denn in seinem Vaterlande und seinem Hause (Matth. 13, 57). Die neuere Sprache läßt dieses „denn" gern eintreten, wenn das Zusammenstoßen zweier „als" vermieden werden soll oder durch ein folgendes a ein Mißklang entstehen würde: Mehr denn Alles. Er hat sich mehr als Soldat denn als Feldherr bewiesen.

Höher denn alles Volk an Haupt und mächtigen Schultern.
(Voß, Ilias 3, 227 ff.)

Nach Verneinungen wechselte früher „dann" mit „als".

Wir haben nicht Speis, dann nur zu einem fast kleinen Brot. — heißt es in Steinhövels deutschem Esopus aus dem 16. Jahrhundert.

Ganz außer Gebrauch gekommen ist aber „weder" für „als", welches erstere wir noch in Luthers Bibelübersetzung finden.

Denn was ist neidischer, weder ein solches Auge?
(Sirach 31, 5.)

Hier hat die vorangehende Conjunction [denn] das comparative „denn-als" zurückgewiesen.
Vgl. Spr. 3, 14:

Denn es ist besser um sie handtieren, weder um Silber; und ihr Einkommen ist besser denn Gold.

Ich wartete auf Nachricht, „wann euer Hochzeittag sein würde" schreibt Goethe in Werthers Leiden; später setzte er „wenn".

In älterer Zeit stand „wann" selbst für unser bedingendes „wenn", und „dann" für unser begründendes „denn". Zwar gebrauchte schon Luther „wenn" in nicht fragenden Sätzen, doch erfolgte die völlige Abscheidung erst im vorigen Jahrhundert und man ging im Gebrauche des neueren „wenn" gleich so weit, daß man es auch anstatt des temporalen „wann" als Correlativ zu „dann" in Anwendung brachte. So singt Klopstock:

Wenn ich einst von jenem Schlummer, welcher Tod heißt, aufersteh' — o, dann wach' ich anders auf.

O schöner Tag, wenn endlich der Soldat in's Leben heimkehrt, in die Menschlichkeit!
(Schiller, Piccolomini.)

„Haben Sie die Güte, mir den Tag anzuzeigen, wenn Sie kommen, damit ich mich einrichten kann"

schreibt Goethe an Schiller. (Briefw. I.) Das Richtige wäre „wann" und in neuester Zeit scheint die Zeitpartikel ihr altes Recht zurückerobern zu wollen. Die Gebr. Grimm, Gervinus und Andere haben meist „wann". Z. B. Ein Poet kann nicht schreiben, wann er will, sondern wann er kann (Gervinus, Geschichte der deutschen Nationalliteratur III).

Ebenso bei „denn" und „dann", auch in den Romanen:

„Wenn er Abba wirklich liebt, warum dann nicht offen, weßhalb dann diese Rücksicht?"
(Joh. van Dewall: Ein Frühlingstraum.)

Zu Lessings Nathan spricht Sittah:
O, nun dann, was hat es dann für Noth?

Von hohem Interesse ist die Beobachtung des Wechsels, welchem die Rection einer und derselben Präposition im Lauf der Zeit anheimfällt. Ich will nur ein paar Fälle herausgreifen. „Der Herr Cardinal waren sehr gnädig gegen mir" schreibt Johann Jakob Moser in seiner Selbstbiographie (1768). Wir müssen sagen „gegen mich". Wir können heutzutage nicht mehr mit Goethe's Götz sagen: „Sie kommen über die Haide, ich will gegen ihnen halten"; wir müssen sagen: gegen sie. „Nun werdet ihr über Einem Triangel schon toll" heißt es in „Wahrheit und Dichtung", wir müssen den Accusativ setzen: Er ist über die Verschwendung seines Sohnes fast toll geworden. Er ist betrübt über sein verstocktes Herz. Bei Luther (Marcus 10, 24) heißt es: Er war betrübt über ihrem verstockten Herzen. Wir sagen: ich freue mich über dich. Psalm 85, 7 heißt es: — daß sich dein Volk über dir freuen möge.

Das alte niederdeutsche „ob" (ober), das immer den Dativ regierte — jetzt auch den Genitiv — und das wir jetzt vorzugsweise causal gebrauchen [— ich entsetzte mich ob dieser Frechheit —], lag früher noch im mittelhochdeutschen „über", daher bei Luther der Dativ im psychologischen Sinne, wo wir den Accusativ setzen. „Sie entsatzten sich über seiner Lehre" (Matthäus 22, 33). Da sie ihn sah, erschrak sie über [ob] seiner Rede (Lucas 1, 29). Auch viele Neuere halten noch am Dativ fest und sagen z. B. den Stab brechen über einem Manne statt über einen Mann. Klopstock läßt (im Messias) Jehovah „Gericht halten über der Erde" (nicht in örtlichem Sinne, sondern die Erde richtend); wir betrachten den Dativ als fehlerhaft und sagen „über die Erde".

Dagegen regierte das mittelhochdeutsche „über" in localem Bezug den Accusativ, z. B. im Sinne von jenseits: überz wazzer stuont daz kastel. (Parzival, 535, 7.) Es ist zu ergänzen „hinaus", die Vorstellung wandert über die Fläche hinaus. Wir sagen im gleichen Sinne: Er ist über die Grenze, über alle Berge. „Wo ist der Landenberg?" fragt in Schillers Tell Walther Fürst den Melchthal. „Ueber den Brünig" lautet die Antwort. Dagegen spricht ebendaselbst Gertrud: — „so schafft es frech der Landenberger über'm See", denn hier handelt es sich nicht um ein wohin, sondern um ein wo.

Der Fälle, wo wir ungewiß sind, welcher Casus zu setzen sei, sind nicht wenige. Sollen wir sagen: Viele Meilen in der Runde war Alles verwüstet — oder viele Meilen in die Runde? Auch der Accusativ ist berechtigt, wenn wir uns die vom Mittelpunkt in den Umkreis gehende Verwüstung (als Bewegung) denken; doch ist der Dativ jetzt gebräuchlicher.

Wir bauen ein Haus — wo? im Thale, auf der Höhe. Wohin? in's Thal, auf den Felsen, auf den Berg. Das Schwanken verräth sich in Sätzen, wo beide Casus erscheinen; z. B.:

> „Danke Gott, daß sich hier Verhältnisse lösen, die nicht auf dem Grunde des Herzens, sondern auf äußere Dinge gebaut waren."
> (W. Müller von Königswinter, die Mühle am Hellbach.)

Sollen wir sagen: Sich in die Seele schämen — oder sich in der Seele schämen? Gutzkows Unterhaltungen am häuslichen Herd brachten (1855, 11.) den streitigen Fall zur Sprache und der Herausgeber entschied sich ganz richtig für den Accusativ: Sich in die Seele schämen, da die Schaam in dieser sprachlichen Anschauung als eine Bewegung des Affects von der Wange bis in die Seele aufgefaßt wird. Das „hinein" (in einigen Gegenden noch gebräuchlich, vgl. Nr. 16 derselben Zeitschrift) ist eben weggelassen. Bei Lessing (Theolog. Streitschriften) heißt es durchaus correct: Und Sie schämen sich nicht in Ihr theologisches Herz so etwas zu schreiben? Doch meinte Gutzkow an derselben Stelle in seinen U. a. h. H., es müsse auch heißen: es thut mir in die Seele weh. Hier hat aber der Sprachgebrauch für den Dativ entschieden: es thut mir in der Seele, im Herzen weh. Und mit Recht; der Schmerz wird im Innersten des Gemüths empfunden.

Wir sagen: das ist ein neuer Nagel zu seinem Sarge, da „zu" überhaupt den dritten Fall regiert; wollen wir „in" bei ähnlichen Fällen anwenden, z. B. „ein frisches Blatt in seinen Lorbeerkranz", so fassen wir das Blatt als in den Kranz einbringend (sich bewegend) auf, nennen aber ein Land „die schönste Perle in der Krone eines Fürsten", weil hier an den ruhigen Besitz gedacht wird.

Mit sicherem Sprachgefühl schreibt Goethe in „Wahrheit und Dichtung":

> Mehr bedarf es kaum, um jene ausführliche in ihre Seele verfaßte Schilderung den Freunden solcher Darstellungen wieder in's Gedächtniß zurückzurufen.

Und im Drama „Natürliche Tochter":

> Wenn Fremde sich in unsre Lage fühlen [sich in unsre Lage versetzen, hinein denken], sind sie wohl näher als die Nächsten.

Unrichtig wird der Dativ gebraucht in Fällen, wie der folgende:

> Lassen Sie sich nun gleich in unserem Kreise einführen.
> (v. Dewall, a. a. O.)

Bald darauf heißt es wieder richtig:
> So war ich dem eingeführt in die Familie, deren Schooß sich mir so freundlich aufthat.
> Dieß faßte Goethe sehr schön in den Worten zusammen ꝛc.
> (Riehl, Culturstudien aus drei Jahrh.)

Es muß heißen: in die Worte zusammen. Sogar bei Schiller finden wir:
> Tugenden, die du in ihm gepflanzt ꝛc.
> (Wallensteins Tod.)
> Drum ward der Gott zum Menschen und verschloß die unsichtbaren himmlischen Geschenke in einem sichtbaren Leib.
> (Maria St.)

Ebenso häufig trifft man (namentlich bei österreichischen Autoren) „unter" mit dem Dativ statt mit dem Accusativ verbunden:
> Der Blumen- und Bouquetspenden erhielt sie unzählige, zudem ein Gedicht, welches in unzähligen Exemplaren der Verfasser von der Gallerie herabwerfen wollte, was die löbl. Behörde von Gmunden aber nicht gestattete, weßhalb es unter dem Publicum einfach vertheilt worden ist.
> (Wiener „Presse", 1875, 13. Aug.)

Auch in Luthers Bibelübersetzung heißt es Spr. 17, 2:
> Ein kluger Knecht wird herrschen über unfleißige Erben und wird unter den Brüdern das Erbe austheilen.

Wir heften etwas an die Wand — oder ideell — eine Vorstellung an die andere. In Kants Kritik der r. V. (5. Aufl. S. 231) lesen wir: „Nehmet an, daß etwas schlechthin anfange zu sein; so müßt Ihr einen Zeitpunkt haben, in dem es nicht war. Woran wollt ihr aber diesen heften, wenn nicht an demjenigen, was schon da ist?" (statt: an dasjenige).
> Ich übersehe, daß ich auf gewissen Rechten strack- und strenghalten muß.
> (Goethe, W. M. Lehrj.)
> Versteht sich auch auf Kräuter und Sternen.
> (Goethe, Satyros.)

„Wegen" mit dem Dativ zu construiren ist volksthümlich geworden. Wegen mir brauchst Du nicht in Angst zu sein — hört man in allen oberdeutschen Mundarten. Man hat den Ursprung dieser Präposition aus dem Dativ Plural: „Wegen" in der Verbindung mit „von" vergessen. Früher ließ man nie das „von" weg: „Von wegen seiner Gaben", auch: „von". Wegen seiner Gaben" geschrieben; von Amtswegen ꝛc. Interessant ist das Vorkommen beider Casus hintereinander, als hätte das Wort zwei Seelen im Leibe, bei Lessing, Goethe, Joh. Müller u. A.
> „am seltensten geschah es mit dem Rubin, wegen seiner Härte und großem Werth."
> (Lessings antiqu. Br. 24.)

Aehnliche Schwankungen treffen wir bei fast allen Verhältnißwörtern. „Auf" bei Zeitbestimmungen erfordert den Accusativ: Ja nicht auf das Fest! Wir verschieben das auf den Abend. Auf seine alten Tage ꝛc.; — Claudius, der Wandsb. Bote, schreibt „auf meinen alten Tagen"; auch Heine in Atta Troll: „bis auf heutigem Tage"; (derselbe Autor setzt auch „aufnehmen in" mit dem Dativ): „ich werde diese Romanze in meiner nächsten Gedichtsammlung aufnehmen."

Wir sagen: Er studirte auf der Universität Halle; er ist auf den Ball gegangen, befindet sich auf dem Casino — nehmen aber doch Anstand, mit O. Glagau (Fritz Reuters L. u. D.) zu sagen: „Er traf das Fräulein zufällig auf einer Gesellschaft". Wir freuen uns „auf etwas", verlangen aber „nach etwas". Der Gebrauch der Präposition „auf" erscheint uns völlig unstatthaft in Fällen wie diese:

Auf Ihren Aufsatz verlange ich sehr.
(Goethe, Briefwechsel mit Schiller.)

Meine Frau befleißigt sich sehr auf's Singen.
(Schiller, Ebendas.)

Sehr erwartend bin ich auf Ihre Meinung.
(Ebendas.)

Ein österreichischer Provincialismus ist: auf etwas vergessen. Ich hatte ganz auf seine Ankunft, auf die Bezahlung, auf die Einladung vergessen. Wir finden das in Zeitschriften und Büchern und nehmen wenig Anstoß daran. „Auf etwas abstellen?" was heißt das? Es ist ein Schweizer Provincialismus, den wenige nicht-schweizerische Leser verstehen werden. Im Vorwort zu seiner „kritischen Geschichte der französ. Cultureinflüsse in den letzten Jahrhunderten" (Berlin, 1875) sagt J. J. Honegger: „Gruppirung der Züge, Aufbau des Ganzen, Schlußfolgerung und Abstraction sind specifische Arbeit des Verfassers und er darf darauf abstellen, daß sein Urtheil ein selbständiges sei." (Er darf versichern, daß ꝛc.)

Man ladet Jemanden zu Tische, zu einem Schmause, zu einem Spaziergange ein; im Norddeutschen auch zu einer Tasse Kaffee, zu einem Gericht Fische, zu einem Wildschweinskopf; in Böhmen und Oesterreich hört man oft: auf eine Tasse Kaffee, auf ein Gericht Fische ꝛc.

In G. Freytags „Ingo und Ingraban" finden wir (dem Gebrauch des französischen Verhältnißwortes à nachgebildet) einen sehr ausgedehnten Gebrauch der Präposition „zu", die wir in solchen Fällen für persönliche Verhältnisse zu reserviren pflegen. Z. B.: „der Führer kauerte zu dem Stein nieder." „Er löste seinem Roß die Beinfessel und führte es zum Stein." „Dieser steckte den Stab zu der Wurzel des Baumes."

Merkwürdig ist ein Pommerscher Provincialismus. In Stettin sagt man nicht: Ich freue mich **über** deinen Brief — sondern: ich freue mich **zu** deinem Briefe. Goethe läßt (Werthers L.) Sinn und Gefühl **an** etwas haben, — wir sagen jetzt: **für** etwas. „Er warf sich in die Musik" heißt es in Wahrheit und Dichtung; wir sagen: „**auf** die Musik". Wir sagen: die Schifffahrt **auf** dem Mittelmeere, **auf** dem schwarzen Meere. Bei Joh. v. Müller (XXIV. B. Allgem. Geschichte) heißt es: „Die Fahrt **im** schwarzen Meere erfordert eigen dazu gebaute Schiffe."

„Von" wird oft, in Nachahmung des französischen de, unrichtig oder überflüssig gebraucht, namentlich auch in Goethe's Prosa; war doch das Französische, wie Goethe selber erzählt, seine zweite Muttersprache geworden. Unwillkürlich fließen da Formen der einen Sprache in die andere über und auch ein so kerndeutscher und kräftiger Geist wie der Goethe'sche, der zur Mündigkeit gelangt alle wälschen Fesseln abwarf, konnte sich den Einflüssen des fremden Idioms nicht ganz entziehen, eben sowenig wie Lessing und Schiller. So finden wir bei ihm (Briefw. mit Schiller) „**Von** meiner Reise bin ich sehr wohl zufrieden" (content de qu. ch.) „Bedienen Sie sich **davon**" (servez-vous en!) „Das sind nun wieder **von** deinen Grillen", sagt Albert in Werthers L. — (der französ. Theilungsartikel.) Auch Schiller (Briefw. mit Körner) schreibt: „Ich wünschte, du könntest auch **von seinen** Zeichnungen sehen." Goethe (in Wahrheit und Dichtung): „Mir bewies es, daß der Verfasser **von** denjenigen sei, die meinen engsten Kreis bildeten." „Um **von** dem Hebräischen Meister zu werden, eignete ich mir das barocke Judendeutsch zu." „Ich will **von** unserer Chokolade machen lassen" sagt Franziska in Lessings M. v. B. — „Seine Narren sind selten **von den** behaglichen Narren, wie sie aus den Händen der Natur kommen, sondern mehrentheils von der hölzernen Gattung" ꝛc. (Hamb. Dramaturgie, 10. St.). Das zweite „von" (von dieser Gattung) ist ganz deutsch; der Gallicismus: „**Von der Partei** des Fürsten sein." „Ich bin **von der** Gesellschaft, — **von der Partie**" hat sich fast eingebürgert. Dagegen werden wir Ausdrücke, wie in Schillers „Neffe als Onkel": „Meine Nichte ist **vom** Complot" oder in der Geschichte d. Abf. d. N.: „Utrecht und Middelburg sind **von** den ersten, welche ihnen die Thore öffneten" stets als undeutsch empfinden und zurückweisen. Der deutsche Sprachgebrauch gestattet zu sagen: „es ist davon keine Rede", nicht aber — wie Schiller an Caroline v. Wolzogen schreibt: — „es ist davon keine **Frage**" (il n'en est pas question).

Das „von" zur Bestimmung der Qualität „von hohem Wuchs", „von altem Adel", „von großer Gelehrsamkeit", „von gutem Humor" ist uns völlig vertraut geworden und erinnert nur an seine fremde Herkunft, wenn das Adjectiv fehlt; z. B. „zwölf Edle, von Reichthum und Ansehen" (Joh. v. Müller, XXIV. B. A. G.) oder bei Goethe (Werthers L.): „Er hält mich für einen Mann von Sinn." „Er ist von Sinnen" heißt dagegen auf gut deutsch: er ist seiner Sinne beraubt. — Fast volksthümlich ist: „der Schelm von einem Knecht", „Schurke von einem Wirth" (Lessings Minna v. B.) „das ist eine Pracht von einem Becher!" (Schillers Piccolomini) ein Engel von Frau! (Tieck's Phantasus) geworden. Welche weite Ausdehnung der Gebrauch des französischen „von" in unserer neueren Roman=literatur gewonnen hat, ist aus F. A. Brandstäters sehr zeit=gemäßem und verdienstlichem Werke: „Die Gallicismen in der deutschen Schriftsprache." (Leipzig, 1874) S. 106, 155 und ff. zu ersehen.

Noch sei hier auf ein paar Adverbia hingewiesen, deren Ge=brauch schwankend ist: „hintendrein" und „hinterdrein". Letztere Form ist jünger, aber gegenwärtig vorherrschend. Aus der Prä=position „hinter" und dem Adverb „darein" gebildet, ward das Wort ebenso wie „hinten darein", „hinten nach" 2c. früher getrennt. Im Götz v. B. sagt Georg: Ich will nur hinten drein laufen! und der Knecht berichtet den Verlauf des Treffens: die Fahne mitten drin, Götz hintendrein. Hinwiederum heißt es in den Wanderjahren I.:

 Wilhelm zog die mehr besonnene Freundin hinter beiden drein.

Und im Faust:
 Wenn man der Jugend reine Wahrheit sagt,
 Die gelben Schnäbeln keineswegs besagt,
 Sie aber hinterdrein nach Jahren
 Das Alles derb an eigner Haut erfahren:
 Dann dünkeln sie, es käm' aus eignem Schopf.

Während das Adverb „hinten" uns im Allgemeinen den Gegensatz zum „vorn" und „hintendrein" nur im Allgemeinen die locale Beziehung und Richtung andeutet: hat unsere Sprache in dem Verhältnißwort „hinter" die auf ein Ziel gerichtete Be=wegung (von hinten nach vorn, oder von vorn nach hinten) be=zeichnen wollen; so, daß was „hinterdrein" kommt, der Spur seiner Vorgänger folgt, in ihren Fußstapfen sich bewegt. Diese nachfolgende Bewegung ist im „hinterdrein" viel energischer an=gedeutet, als im „hintendrein" und jenes darum auch mehr ge=eignet, die über das bloß sinnliche Raumverhältniß hinausgehen=den temporalen und causalen Beziehungen, die Verhältnisse von Personen zu Personen zum Ausdruck zu bringen.

 Sie nahm's an und erst hinterdrein fiel mir ein, daß ich einen dummen Streich gemacht.
  (Goethe. — Der Triumph der Empfindsamkeit.)

— wer möchte da an das locale „hinten" denken und „hintendrein" vorziehen wollen? Wohl aber wäre das andere aus derselben Präposition gebildete Adverb: „hinterher" zu brauchen.

Im „hinterdrein" macht sich noch so mächtig das geistigere Verhältniß der Präposition geltend, daß Goethe das Adverb noch wie ein Verhältnißwort brauchte:

> Ha, sagen sie, da seht die Spur
> Wie die Kunst auch hinterdrein der Natur
> im Dürren ist rc. (Goethe, Vögel.)

— für: die hinter der Natur drein kommende Kunst.

Nur als weiteren Beleg, wie unsicher wir in den gewöhnlichsten Formen unserer Muttersprache sind, will ich hier noch erwähnen, daß mir ein württembergischer philologisch sehr gut geschulter Freund wiederholt Vorwürfe machte, daß ich hinterdrein schriebe und drucken ließe; es müsse heißen: hintendrein. Natürlich antwortete ich ihm mit einem Quod non!

In einzelnen Ländern und Provinzen bildet sich für diese und jene Wendung, für dieses und jenes Wort eine Vorliebe aus, die in andern Gegenden durchaus nicht getheilt wird! Das Wort „mehr" für „noch" anzuwenden fällt keinem Norddeutschen bei; dem Deutsch-Oesterreicher ist es ganz mundrecht und gilt ihm auch für schriftgemäß. — Bei Verneinungen: Es ist nichts mehr da! Ich zweifle nicht mehr daran! Du hast keinen Augenblick mehr zu verlieren! ist das „mehr" am Platze. Dagegen ist es nicht schriftgemäß, zu sagen:

> Es waren nur mehr drei Personen da.
> Es waren nur mehr Wenige da! —

wie man in österreichischen Zeitungen und auch im Cotta'schen „Ausland" oft zu lesen bekommt. Das „noch" ist in diesen Fällen im hochdeutschen Sprachgebrauch entschieden zur Geltung gelangt. In der Augsb. Allgem. Zeitung finde ich das österreichische „mehr" selten.

> Nachdem Dr. Kennealy mit seinen Tischborne-Motiven im Parlament Fiasko gemacht, hat er sich neuerdings auf Reisen begeben, kommt aber bei seinen Volksreden nur gelegentlich mehr (statt: nur noch gelegentlich) auf den Prätendenten zu sprechen.
> (A. A. Z. 1875, 143.)

Auch der Gebrauch von „mehr" im Sinne von „öfter" ist uns fremd geworden und nicht zu empfehlen.

> Sie nahm ihre Arbeit vor und ging auf ihr Zimmer wie sie mehr zu thun pflegte. (Goethe, W.'s L.)

Völlig überflüssig ist „mehr":

> Er wird kaum noch mehr zu treffen sein!
> (Lessings Nathan.)

Ebenso unstatthaft ist das in Schwabenland beliebte „bereits", das gleichfalls pleonastisch vor „noch" gestellt wird:

> Ausnahmsweise billig wird ein bereits noch neues Pianino abgegeben. (Schwäb. Merk. 1875, 6. Juli.)

2.

Daß wir noch viele Verhältnisse mit dem reinen Genitiv-Casus ausdrücken können, wo der Engländer mit seinem of und der Franzose mit seinem de in einförmiger Langweiligkeit vorrücken muß, ist ein hoher Vorzug unserer Muttersprache. Aber auch sie entgeht nicht dem Schicksal des allmählichen Ersterbens, des Starr- und Steifwerdens ihrer organischen Formen und so gewinnen die Verhältnißwörter mehr und mehr Raum und der Genitiv, der Hauptbeugefall, verliert mehr und mehr seine frühere Bedeutung. Heutzutage würde es kaum ein Dichter wagen, mit Lessing (Nathan II, 5) zu sagen: „Fast scheu' ich mich des Sonderlings." Wir kommen mit der Präposition und sagen: ich scheue mich vor ihm. Oder mit Goethe (Herm. und Dor): „Begierig des Stalles rannten die Hengste nach Hause." „Die Höhle ist ein langer Gang, meist ebenes Bodens" heißt es in den Br. aus der Schweiz. Schiller an Reinwald: „Bei dieser Gelegenheit habe ich wenigstens das gewonnen, daß ich Ihrer edeln Gesinnung gegen mich ganz überzeugt bin." „Elisabeth ist meines Stammes, meines Geschlechts und Ranges" sagt Maria Stuart. „Für die ich volles Herzens zu danken kam" — Max in den Piccolomini. Wir setzen in diesen Fällen die Verhältnißwörter: vor, von, mit, zu, auf 2c. Schiller (Briefw. mit Goethe) schreibt: „Ich bin meines Halsübels nicht so leicht los geworden", — wir setzen den Accusativ. Doch treffen wir auch bei unseren Classikern Accusative, wo wir den Genitiv setzen. Z. B. Ich will nur eilen, ihn wieder habhaft zu werden (Goethe, Briefw. mit Schiller); die alte Zeit gedacht' ich, die ergraute. (Ders. Betrachtung bei Schillers Schädel). Der Accusativ drückt das Object schon weit mehr zu einer Sache, einem passiven Dinge herab, er ist matter als der Genitiv, der das Object zur thätigen, wirksamen Persönlichkeit erhebt.

Man vergleiche: Vergiß mich nicht — und vergiß meiner nicht! der Herr hat dein noch nie vergessen, vergiß' mein Herz auch seiner nicht! heißt es in Gellerts Liede. Die kernhafte Sprache Luthers, das Volkslied, das Sprüchwort sind reich an absoluten Genitiven und darum so eindringlich. „Selig sind, die reines Herzens sind 2c. Gebet dem Kaiser, was des Kaisers ist 2c. Leib und Geist sind nicht euer (Genitiv), sondern Gottes." „Der Wurf, wenn er aus der Hand, ist des Teufels." „Das jüngste hat kein'n Namen, das soll des Jägers sein" (Volkslied von den drei Fräulein).

In der alten Ansprache, welche der Gesell dem Lehrling hielt (vgl. G. Freytag „vom Mittelalter zur Neuzeit" S. 151), hieß es: Danach bedanke dich bei den Knechten auch und sprich: „Schmied, ich sage dir Dank! deines Geschenkes, deines guten Willens." Schiller wendet in kräftiger volksthümlicher Rede diesen Genitiv mit Glück an: „der Bube war des Vogts" sagt Walter Fürst in Wilh. Tell. — „Wessen ist dieß Haus? fragt er bösmeinend" 2c. erzählt Stauffacher. „Ich thu', was meines Amts" — sagt der Frohnvogt.

Auch mancher Accusativ ist dem Verhältnißwort gewichen. „Wer bist du, der du einen anderen urtheilest?" heißt es Jakob. 4, 12. Wir sagen: über einen anderen urtheilen. „Ihr Herz läßt sich Alles bereden" (Lessing). „Mich wollt ihr das bereden?" (Schiller.) Wir gebrauchen die Präposition „zu".

Noch bis zu Anfang unseres Jahrhunderts war das Bedürfniß starker Declination so rege, daß auch die Eigennamen ganz wie die Gemeinnamen gebeugt wurden und die lateinischen nomina propria ihre ursprüngliche Declination im Deutschen beibehielten: Irenäus, des Irenäi, dem oder von Irenäo. Gedichte des Homers. Mit Luthern zu reden. Von Herr Winckelmannen selbst — (Lessing). Wir decliniren umgekehrt das „Herr": des Herrn W., dem Herrn W., sagen des Malers Müller, nicht wie noch Goethe: des Maler Müllers.

Goethe schrieb „die Leiden des jungen Werthers", sprach von der „Aufnahme des Herrn Zahns", „Vorlesung des Mahomets". Auch die Namen mit lateinischen Endungen wurden oft zu deutschen gemacht:

Besäß sein schwerer Geist Eukliden und Cartesen
Und Eulern könnt er gar wie ich Talandern lesen.
(Lessing.)

Wir sind bereits in ein solches Extrem gerathen, daß wir nur zur Bezeichnung des Genitivs ein s an den Namen hängen und jenen Eigennamen, die mit einem ß oder z endigen, gar keine Genitivendung bewilligen, höchstens einen Apostroph, den aber das Ohr nicht vernimmt. „Voß' Homer — Boz' Werke".

Das ist aber ein offenbarer Verlust! Warum nicht von Voſſens Homerüberſetzung, von Bozens Romanen reden?

In einem Aufſatz über Agaſſiz (Ausl. 1874, 7) iſt zu leſen: Nach dem Tode Spix.... 1839 erſchien ein zweites Werk Agaſſiz!... Nicht einmal ein „von" wird dem Genitiv bewilligt! Dann iſt wohl von „Agaſſiz's Entwürfen" die Rede; wer kann aber „Agaſſiz's" ausſprechen?

J. H. Voß ſingt noch wohlgemuth: Geſund und frohes Muthes genießen wir des Gutes ꝛc.; bei Goethe tritt ſchon ein Schwanken zwiſchen „frohen" und „frohes Muthes" ein. Das gewiſſermaaßen adverbial gewordene „gutes Muths" iſt noch bei ihm Regel. Deßgleichen bei Schiller und Bürger: Wer hohes Muths ſich rühmen kann ꝛc. Uhland ſagt durchaus: hohen frohen Muths.

Wir finden bei Leſſing und Schiller: gerades Wegs und geraden Wegs, doch überwiegt merklich die ſchwache Form. „Nach Uri fahr ich ſtehnden Fußes gleich" (Wilh. Tell). „Es darf der Fürſt nicht freien Fußes mehr von dieſem Platz" „durch unſere Mitte ging er ſtillen Geiſtes" (Wallenſteins Tod). Da Adjectiv und Subſtantiv ohnehin das ziſchende s haben, ſo wäre die ſtarke Form des erſteren eine große Härte. „Wegen ſtreitendes Intereſſes und Meinungen" (Goethe) — das erträgt unſer Ohr nicht mehr!

In der vorclaſſiſchen Zeit erhielt das Adjectiv ſelbſt bei vorangehendem beſtimmten Artikel die ſtarke Form und es wurde als Regel feſtgeſtellt: „die arme Leute" zu ſagen. Noch bei Juſt. Möſer (Patr. Ph. I) findet ſich:

> In ſeiner Stube, worin er die ihn täglich beſuchende Fremde im Nachtrock empfing.

Auch bei Schiller treffen wir noch: „die blaue Flecke". Die ſchwache Form: die ihn beſuchenden Fremden, die blauen Flecke ꝛc. iſt bei uns ohne Frage. Aber in wie vielen Fällen ſchwanken wir noch zwiſchen ſtarker und ſchwacher Form! Sollen wir ſagen: Alle Deutschen oder alle Deutſche? „Wir Deutſchen" oder „wir Deutſche?" Ich habe ſo eben das Juniheft (1875) der Weſtermannſchen Monatshefte aus der Hand gelegt. Darin ſteht zuerſt eine Novelle von R. Frenzel. „In einem ſtillen Hauſe", worin ich einen Satz anſtrich, der ſchwerlich Widerſpruch finden wird: „Wir Deutſche ſind doch wunderliche Leute". Im folgenden Aufſatz von Julian Schmidt wird eine Stelle aus Jac. Grimms Werken angeführt: „Wir Deutſchen, denen das Recht vorenthalten wird" ꝛc. Im Vorwort ſeiner deutſchen Grammatik ſchreibt Jac. Grimm: „Erſt kraft der Schriftſprache fühlen wir Deutſche lebendig das Band unſerer Herkunft" ꝛc. Leſſing hat die bei ihm überhaupt noch überwiegende ſtarke Form,

„hingegen ist klar, daß wir Deutsche ganz andere Architekten und Poeten haben müssen" (Antiqu. Br. 19). Auch in Goethe's Wahrh. u. D. ist zu lesen: „Wir Deutsche hatten den Vortheil" ꝛc. „Wir junge Gesellen"; aber auch, da Folgerichtigkeit im Deutschen eine äußerst schwierige Sache ist, „wir jungen Leute."

Sollen wir sagen: unser guter, lieber Vater — oder: unser gute, liebe Vater? wir müssen uns für die starke Form entscheiden; sie ist Regel. Da wir aber nach den starkformigen Fürwörtern: dieser, jener oder nach dem unbestimmten Zahlwort „mancher" das Eigenschaftswort nicht mehr in starker Form auftreten lassen — „dieser weise Rath, mancher fromme Wunsch, jener wackere Mann" — da wir im Genitiv und Dativ sagen: unsers guten, lieben Vaters, unserm guten, lieben Vater: warum nicht auch im ersten Fall: unser gute, liebe Vater? Antwort: Weil die adjectivischen Pronomina: „unser, euer, ihr" ebensowenig als der unbestimmte Artikel „ein" oder die gleichgeformten: „mein, dein, sein, kein" eine scharf ausgeprägte Nominativform haben. Denn „unser", „euer" sind wie „mein" und „dein" bloß Genitivformen und ihre vollständige Ausprägung für den Nominativ müßte „unserer, euerer" lauten; die starke Form des folgenden Adjectivs ergänzt gewissermaßen diesen Mangel (unser guter Oheim, unser altes Haus). In der Mehrzahl hingegen (unsere, euere, ihre) tritt die starke Form heraus und alsbald erscheint das Adjectiv in schwacher Form: „unsere guten Freunde", „seine früheren Verhältnisse". Ebenso im Accusativ: ich kenne seine früheren Verhältnisse — ich schreibe an unsere guten Freunde. Doch steht in praxi auch diese Regel keineswegs fest. Neben schwacher Accusativform treffen wir bei Schiller auch die starke.

„das — gegen seine eigenen Glieder mit Erbitterung rast."
(Braut von Messina.)

„Ich hab's für dich gestickt in meines Kummers Stunden und meine heiße Thränen eingewoben."
(Maria St.)

Goethe (im Satyros) hat sogar: Meine nackte Schultern, Brust und Lenden, meine lange Nägel an den Händen.

Ebenso schwankt die starke und schwache Form, wenn das persönliche Fürwort voransteht, und das nachfolgende Substantiv mit dem Adjectiv gewissermaßen Apposition wird.

Was ist vorzuziehen: „Wir arme Sünder" oder „wir armen Sünder", „ihr edlen Männer" oder „ihr edle Männer"? Da es in der Einzahl heißt: Du armer Mann (starke Form), sollte auch in der Mehrzahl die starke Form eintreten: „Ihr arme Männer" und unsere Grammatiken pflegten das meist als Regel hinzustellen. Der Sprachgebrauch hat jedoch für die schwache Form entschieden: Wir armen Leute, ihr edlen Männer.

In Goethe's Sänger heißt es: Gegrüßet seid mir, edle Herrn, gegrüßt ihr, schöne Damen! Man achte auf das Komma vor „schöne Damen"; es ist das Zeichen, daß wir es hier mit der Vocativform zu thun haben, welche in allen Fällen sich gleich bleibt: Ihr, edle Herrn und schöne Damen — euer, edle Herrn und schöne Damen; euch, edle Herrn und schöne Damen 2c.

Im Nominativ überwiegt die schwache Form:

„Wir sind zu gut, um mit den Bauern zu zechen, wir müssen mit Schild und Speer zu Felde dienen, wir edlen Leute". (G. Freytag, vom Mittelalter zur Neuzeit.) Diese Form hat in der Gegenwart durchaus den Vorzug erhalten. Im Volksliede „die schwarzbraune Hex" (Wunderhorn 1, 34. Uhland Volksl. 103) heißt es:

> Deine großen Hunde, die holen mich nicht,
> Sie wissen meine hohe weite Sprünge noch nicht!
> Deine hohe Sprünge, die wissen sie wohl 2c.

Hier ist sehr fein der Nominativ mit schwacher Form (großen Hunde) vom Accusativ mit starker Form (hohe, weite Sprünge) unterschieden.

Da die Genitiv= und Dativ=Endungen der besitzanzeigenden Fürwörter scharf genug hervortreten, sagen wir nicht: bei seiner erster Vorstellung, sondern: bei seiner ersten Vorstellung. In einem Aufsatze von Schmidt=Weißenfels: „Ungedruckte Romane" (P. Lindau's Gegenw. 1875, 36) fand ich: „Damen, die sich in ihrer erster Production austönen", statt: in ihrer ersten Production.

Nach den allgemeinen (unbestimmten) Zahlwörtern „einige, etliche, alle, manche, viele" soll (wie z. B. Heyse's Schulgrammatik, 22. Aufl. 1873, S. 146, vorschreibt) schwache Adjectiv=Declination eintreten, so daß also zu sagen wäre: einige rothen Weine. Becker's Grammatik (1. Aufl. 1829) lehrte (S. 307) dagegen: „Nach einige, etliche, keine, viele, alle 2c. hat das Adjectiv im Nominativ und Accusativ des Plurals die alte und in den anderen Casus die neue (schwache) Form", z. B. einige gute Freunde, alle neue Bücher, manche gelehrte Leute. Zur aufgestellten Regel bei Heyse kam natürlich auch die Anmerkung, daß der Gebrauch schwankend sei und auch oft gefunden werde: manche gute Weine, je nachdem das unbestimmte Zahlwort mit dem Adjectiv auf gleichen Rang gesetzt werde.

Wir sehen auch hier, daß der Sprachgebrauch, ähnlich wie die Mode, nach Belieben und Willkür verfährt. „Einige ältere Schriftsteller" „viele neuere Schriftsteller" ist sehr im Gebrauch. Im oben angeführten Werke von G. Freytag lesen wir: „Einige daran liegende Gassen der Stadt waren von Handwerkern bewohnt." Dagegen erhält das Adjectiv nach „alle" die schwache Form: „Alle guten Geister loben Gott den Herrn!" Auch im vierten Fall: „über alle kleinlichen Bedenken hinweg" (Fr. Spielhagen: In Reih und Glied). „Wenigstens finde ich in Ihnen alle poetischen Eigenschaften des Tragödiendichters im reichsten Maaß" schreibt Schiller an Goethe. Doch fehlt auch die starke nicht: „Wir sollten ordentlich Acta über alle schriftliche und gedruckte Urtheile vom Almanach halten." (Derselbe an denselben.) Auch nach „solche": „Es ist doch sehr tröstlich, solche theilnehmende Freunde zu haben." (Goethe an Schiller.)

Das gleiche Schwanken nach der Mehrheitsform „keine". Die starke Pluralform herrschte früher vor: „Die Tugend mußte ihm keine allzubeschwerliche Pflichten auflegen" (Wieland). „Mit alledem machte ich mir in Tübingen keine gute Freunde" (Joh. Jak. Moser, Lebensgeschichte). „Kriege sind keine persönliche Feindschaften" (Lessing). Derselbe aber wieder (Antiqu. Br. 25). „Was ich zu so vielen geschnittenen Smaragden sage? Daß es keine wahren Smaragde sind." Dieselbe schwache Form im Genitiv: „Wenn die Bücher der Alten keiner geschnittenen Diamante erwähnen" (Antiqu. Br. 26).

Wir wären des ganzen Jammers deutscher Declination los und ledig, wenn wir, wie es bei den Engländern und Franzosen der Fall, mit ein paar Verhältnißwörtern operirten und die Einheits- wie die Mehrheitsform von Substantiv und Adjectiv in allen Fällen die gleiche sein ließen. Freilich wäre diese Einfachheit und Regelmäßigkeit gewonnen auf Kosten bildsamer Mannigfaltigkeit! Wir gehen aber so weit in theoretischer, nahezu pedantischer Gewissenhaftigkeit, daß wir ein Hauptwort, wenn es aus einem Eigenschaftswort oder Zeitwort gebildet ist, ganz verschieden anfassen und behandeln. Wir schreiben: der Herr Geheimerath (früher Geheimderath), lassen aber das Wort nicht als Ein Ganzes gelten, sondern decliniren: des Herrn Geheimenraths, dem Herrn Geheimenrath ꝛc. Andere beugen das Wort wie ein einfaches Substantiv bloß am Ende und sagen: des Herrn Geheim[e]raths ꝛc. In dem 56. der Antiqu. Br. heißt es bei Lessing: Und doch wird mir Herr Klotz erlauben, den Abstand zwischen einem Geheimenrathe, wie Er, und zwischen einem Magister für so unermeßlich nicht zu halten. — — Der Magister gilt in dem Falle, in welchem wir uns befinden, sogar mehr als der Geheimderath. Wenn der Herr Geheimderath Klotz nicht auch Herr Magister Klotz wäre, oder zu sein verdiente, so wüßte ich gar nicht, was ich mit dem Herrn Geheimderath zu schaffen haben könnte, der Magister macht es, daß ich mich um den Geheimenrath bekümmere.

Der Brief, welcher Schillers Correspondenz und Freundschaft mit Goethe einleitete, beginnt: Hochwohlgeborner Herr, Hochzuverehrender Herr Geheimer Rath! Wir sagen: „Der Weise", aber „ein Weiser", „der Gelehrte" und „ein Gelehrter". Es entsteht alsbald ein Schwanken zwischen starker und schwacher Form, wenn ein adjectivisches Pronomen oder ein Eigenschaftswort dazutritt. Ist zu sagen: ein rechtschaffener Gelehrter? oder ein rechtschaffener Gelehrte? Ein solcher Weltweise (Lessing) oder ein solcher Weltweiser? Lessing hat überwiegend die starke Form: „ein solcher alter Diamant" (Antiqu. Br.) und sollte daher auch: „ein solcher Weltweiser" schreiben. „So müßte ein vortreffliches Ganze entstehen" schreibt Körner an Schiller. „Wenn es einmal einer unter Tausenden dahin gebracht hat, ein schönes vollendetes Ganzes aus sich zu machen, der kann meines Erachtens nichts Besseres thun, als dafür jede mögliche Art des Ausdrucks zu suchen", sagt Schiller mit Bezug auf Goethe. „Was innerhalb der Form liegt, macht ein so schönes Ganzes" schreibt Schiller an Goethe. Doch überwiegt bei letzterem die schwache Form des Substantivs: ein erfreuliches Ganze, ein hübsches Ganze ꝛc. Kant hat noch die starke Form: „die Richtung geht darauf hinaus, alle Verstandeshandlungen in ein absolutes Ganzes zusammenzufassen." (Krit. d. r. V.)

Selbst bei den gewöhnlichsten, alle Tage vorkommenden Hauptwörtern: Schade, Friede, Glaube, Name, Welle, Funke ꝛc. ist noch immer ein Schwanken bemerklich zwischen „Glauben" und „Glaube", „Frieden" und „Friede" ꝛc. Da der Genitiv „Glaubens", „Friedens" lautet, wie der Genitiv von Fels „Felsens", so vermeinte man, dem Nominativ ein en geben zu müssen. „Friede" hatte in der älteren Abwandlung des Friedes, dem Friede, den Friede. Diese Form ist veraltet und nur noch in einigen stehenden Redensarten: „Friede machen", in Zusammensetzungen wie „Friedefürst" hat sich die ältere Form erhalten. „Mit Fried' und Freud' ich fahr' dahin!" heißt es in einem älteren Kirchenliede. In der Prosa der Gegenwart ist das en für den Accusativ Frieden finden, den Frieden wollen ꝛc. durchaus herrschend geworden und es berührt unser Ohr fremdartig, wenn wir in Jac. Grimms Schillerrede zu hören oder zu lesen bekommen:

„Thüringen hatte ihm für immer ruhige Stätte, glückliche Ehe, häuslichen Friede und Segen gegeben."

Dagegen ist an dem e im Nominativ festzuhalten „Friede sei mit Euch!" (Joh. 20, 19) „Friede sei ihr erst Geläute!" (Schillers Glocke.) Im Accusativ sehen wir die ältere und neuere Form oft hart bei einander. In Goethe's „Egmont" sagt Buyk: „Mußte doch die Wälsche Majestät gleich das Pfötchen reichen und Friede machen. Und den Frieden seid ihr uns schuldig!" Vgl. Joh. v. Müller (XXIV. B. Allg. G.)

Hierauf begehrte der Kaiser den Frieden. Alexander äußerte, daß ihm nichts erwünschlicher sei als von dem größten Helden des christlichen Jahrhunderts Friede zu erhalten.

Wie zwiespaltig aber die Meinungen über die Nominativ- und Accusativform von Friede noch sind und wie fern noch der grammatische „Friede" ist, kann man aus Aeußerungen entnehmen, wie folgende:

„Die unglückliche Neuerung „„der Friede"" war unseren beiden Dichterheroen so unnatürlich (!), daß sie sich auf seltsame Art an ihnen rächte. Da sie gegen ihr Ohr (!) nun Friede sagen sollten, so sagten sie beide auch im Accusativ Friede, freilich nicht unmittelbar nach dem Artikel (!). Dieser Sprachfehler kommt bei Goethe zweimal in den Unterhaltungen deutscher Ausgewanderter vor, und Schiller sagt sogar in der Jungfrau von Orleans: Frieb' und Versöhnung bieten."

Der Missethäter! Vorstehende Stelle ist aus Herrigs und Viehoffs Archiv V, 2; Verf. ist M. Rapp.

In Heyse's Schulgrammatik, 22. Aufl. S. 105 wird die Form: der Frieden, Funken, Gedanken, Gefallen, Glauben, Willen ꝛc. als die richtige bezeichnet. „Friede", „Glaube", „Wille" ꝛc. sei minder gut.

Der „Vetter und Gevatter" werden in der Einzahl nur stark umgewandelt — so ist in mancher Schulgrammatik zu lesen. Also: des Vetters! Doch treffen wir nicht selten (auch bei Goethe, W. u. D.: die Pelesche eines Vettern) die schwache Form. Aehnlich bei: der Bauer, Genitiv des Bauern und des Bauers: auch der Unterthan hat im Genitiv des Unterthans, des Unterthanen. Ebenso: des Greises und des Greisen, des Schelmen und des Schelmes. Während aber die Mehrheit beide Formen zuläßt: die Schelme und die Schelmen, gestattet sie nur: die Greise. Dagegen wird der Bauer, Unterthan, Gevatter, Vetter ꝛc. trotz der starken Form in der Einzahl in der Mehrzahl schwachformig: die Bauern, Vettern ꝛc. Während der Hase sich zur starken Genitivform durchgearbeitet hat, ist solches dem mächtigen Strauß noch nicht vollkommen gelungen; es ringen noch die beiden Genitivformen, des Straußes und des Straußen um die Herrschaft.

Am einfachsten hat sich die Declination der weiblichen Hauptwörter gestaltet: die Pflicht für Nominativ und Accusativ der Einzahl, der Pflicht für Genitiv und Dativ der Einzahl. Das Hauptwort selber bleibt, wie in der Mehrzahl „Pflichten" unverändert. Die Substantiva, welche auf e endigen, haben jetzt auch alle Declinationsendungen abgeworfen (Linde, Weide, Erde,

Sonne lauten in allen Fällen gleich). Dahin gehört auch das Wort „Frau", das im Althochdeutschen frôwe lautete und dann die Endung abwarf. Früher wurden sie aber auch gebeugt und hatten im Genitiv und Dativ Singularis en: der Erden, auf der Erden. In den Zusammensetzungen: Erdenbürger, Sonnenlicht, Ehrensold, Seelenschmerz ꝛc. ist der ältere Genitiv noch wirksam; auch nach Präpositionen: „außer Diensten", „auf Seiten des Königs", „im Himmel und auf Erden" ꝛc. Wir treffen noch bei Schiller: „auf der Leipziger Messen", „im Glanz der Sonnen", „sie ist ermordet auf der Lond'ner Straßen" (Mar. St.); bei Goethe nicht minder häufig: „der gnädigen Frauen", „zur gnädigen Frauen", „Kinder fingen auf der Brücken" (St. Nepomuks Vorabend). Im Volksliede: „Röslein auf der Haiden"; im Kirchenliede: „Wie wohl ist mir, o Freund der Seelen"; auch bei Just. Möser „Kräfte der Seelen", — „der Seelen" ist der Genitiv Singularis.

Als ich im Jahre 1848 an den Bodensee übersiedelte, und Schweizer (alemannische) Sprache und Sitte kennen zu lernen Gelegenheit bekam, ward ich durch Brief-Adressen wie folgende an den alten Dativ erinnert:

Frauen
Frauen Marie Magdalene Zwicky.

Allerdings collidirt diese Form mit der Mehrzahl; sie konnte sich nicht halten und auch die Bezeichnung des Casus durch den bestimmten Artikel ist bereits veraltet. Wir schreiben auf die Adresse: An Frau ꝛc. oder bloß: Frau N. N.

Aus dem Berliner Deutsch, das völlig französisch „die Frau", „von die Frau", „zu die Frau" abwandelt, klingt es wie ein rührender Herzenston und wehet uns an wie eine sprachliche Idylle, wenn wir hören: Muttern eine Freude machen, zu Muttern gehen, bei Muttern sein.

Sehr tadelnswerth ist dagegen die Nachlässigkeit, den Dativ gar nicht zu markiren, in Verbindungen wie: ich hab' es Oheim Fritz geschrieben — Tante Sara mitgetheilt. „Wenn auch die Wahrscheinlichkeit, daß das junge Mädchen nach Tuchheim reisen werde, Tante Sara nicht eben groß zu sein schien" ꝛc. (Fr. Spielhagen, In Reih und Glied).

Wie allmählich der Sinn für die Beugungsform sich abstumpft, sehen wir aus der Abwerfung des e als Endsylbe. Nachdem viele jetzt einsylbige Hauptwörter, wie Christ, Fürst, Ahn, Held, Narr, Bär, Falk, Fink ꝛc. längst ihre Endsylbe abgeworfen — die frühere Nominativform lautete: Fürste, Herre, Narre — hat auch der Dativ schon vielfach sein e eingebüßt „Mit Gut und Blut", „mit Gott", „am Abend", „vor der Thür", „im Tod". Luther schreibt noch: Gebet Gotte, was Gottes ist und dem Kaiser, was des Kaisers ist. Wir finden dieses kurze e schon zu umständlich und E. M. Arndt hat, wohl um den Hiatus zu vermeiden, sogar eine Zweideutigkeit nicht gescheut: „soweit die deutsche Zunge klingt und Gott im Himmel Lieder singt." Es könnte da auch „Gott im Himmel" der Singende sein! Schon längst haben wir die ihres e beraubten Dative: dem Nest, Arzt, Faß ꝛc. in Gebrauch, dagegen den Genitiven: des Nestes, Herbstes, Arztes, Fasses das e gelassen, da: Arzts, Herbsts, Nests, Faßs zu hart klingen würde.

Ebenso ist man mit Ausmerzung des e im Indicativ des Präsens bei Abwandlung der Zeitwörter rüstig vorwärts gegangen. An der Stelle von: „du schreibest, er schreibet" ist: „du schreibst", „er schreibt" getreten. Länger hat sich das e in „freuen" erhalten, kommt aber auch fast außer Gebrauch und wir finden das: „du freuest dich", „er freuet sich" schon zu umständlich. Nur da, wo sich die Zischlaute häufen, wie das leider in unserer an Consonanten so reichen Muttersprache oft genug geschieht, behauptet sich das e, der bequemeren Aussprache halber. Wer vermöchte auch: du läßst, du haßst, du seufzst, du schluchzst zu sprechen? Wir behalten entweder die ältere Form bei: du lässest, hassest ꝛc. oder substituiren die dritte Person: du haßt, läßt ꝛc.; kommen freilich dann wieder in manche Verlegenheit, denn du hast (tu as) und du haßt (tu haïs) lauten ganz gleich. Und wie pedantisch schwerfällig klingt wieder: du weißest (tu sais). Auch zum Maurer, der das Zimmer weißen soll, müßte man sagen, du weißest mir das Zimmer!

Im vorigen Jahrhundert hatte auch das Imperfect im Indicativ noch ein e: ich bekame, er bekame, er truge, ware; ich schriebe. In J. J. v. Mosers Selbstbiographie (vom Jahre 1768) heißt es z. B.:

> Schon einige Tage zuvor ware mein in Herzoglichen Diensten gestandener Sohn ebenfalls unverhört cassiert worden und als der Herr Fürst zu Ysenburg ihme sogleich die Oberforstmeisterstelle antruge, ihme nicht erlaubt, diese Stelle anzunehmen ꝛc.

Die Adverbien heute, frühe, gerne, ferne, sehre ꝛc. haben ihre Endsylbe großentheils abgeworfen und nur die Dichter bringen dieselbe zur Geltung, wenn es ihnen in den Vers paßt.

Bei den Superlativen der Eigenschaftswörter hat schon Goethe Kürzungen versucht, wie: „der süßte Weihrauch", „der hübschte Backfisch"; es ist aber gerathener, das e beizubehalten: der süßeste, hübscheste, des Wohllautes halber.

Da wir sonst bei Hinzutritt der Flexionssylben das e des Stammwortes oft weglassen: eure (statt euere), der Edle (statt der Edele), der Zaubrer, das Bittre, die Erbittrung — so sollte auch „trauren" nicht „trauern" gesprochen und geschrieben werden, ebenso: „wir bedauren", „lauren". Bei Lessing und Goethe finden wir auch diese Form; „Warum so heimlich, hinterlistig lauernd". (Wallensteins Tod II) steht in der von Gödecke besorgten historisch-kritischen Schiller-Ausgabe; in Joachim Meyers Ausgabe (Bd. 4) steht lauernd.

„Theurester Freund" schreibt Schubart an seinen Ulmer Freund in den oben angeführten Briefen. Die Regel aber ist: trauern, bedauern, lauern; er trauert, wir trauern, ihr trauert, sie trauern. Die Steuern nicht: die Steuen, wie im ganzen Geschichtswerke von J. G. v. Müller steht.

Die Bildung der weiblichen Substantiva aus den männlichen durch Anhängung der Sylbe „in" macht auch nicht geringe Schwierigkeit. Dem „Zauberer" stellen wir keine „Zaubererin", sondern eine „Zauberin" gegenüber, dem „Wucherer" eine „Wucherin", nehmen aber doch Anstand mit Gutzkow (Söhne Pestalozzi's 1.) aus einem „Wanderer" eine „Wanderin" zu machen, oder mit Joh. Scherr aus einem „Deutschen" eine „Deutschin". Eine „Deutsche" genügt vollkommen, ebenso eine „Bekannte", „Verwandte" und es ist kein zwingender Grund vorhanden, von einer „Bekanntin, Verwandtin" zu reden.

Das Geschlecht der Hauptwörter ist sehr dem Wechsel unterworfen. „Verständniß" war im vorigen Jahrhundert weiblichen Geschlechts, „Antwort" dagegen (bis in's letzte Drittel hinein) sächlichen und noch bei Lessing treffen wir: „Antworts genug" „an Antworts Statt". Im Laokoon lesen wir noch: „Wenn Virgil das Schild des Aeneas beschreibt" 2c. Bei Goethe, Voß, Bürger und Anderen findet sich noch: das Verkehr, das Verderb; wir sagen „die Empfehlung", Lessing hat noch „der Empfehl".

— ohne das Verderb, mit welchem die Zeit dagegen ankämpft.
(Emilia Galotti, I, 41.)
— macht ihr meinen Empfehl!
(Minna v. B. I, 9.)

Während Schiller mit Goethe „den Chor" der Alten besprach, schrieb ihm Goethe: „das Chor der Eumeniden ist am rechten Platz"; bald darauf gebraucht der letztere auch das Wort im männlichen Geschlecht: „den Chor aus Prometheus finde ich nicht".

Wir sagen richtig „die Periode" (eingedenk der Regel: von andern aber merke man sich alvus, humus, vannus an; von graecis: arctus, carbasus etc. periodus und methodus). Früher war: der Periode (des Perioden 2c.) gebräuchlich. Auch der Atom, „der Atom, der in Plato's Gehirne den Gedanken der Gottheit bebte" (Schiller, der Spaziergang unter den Linden). Die Verwechslung der Geschlechter bei unseren Fremdwörtern würde uns hier zu weit führen. Uns sind: Bedürfniß, Gefängniß 2c. sächlichen Geschlechts; „die Bedürfniß", „die

Gefängniß" findet sich noch in der dritten Aufl. (1817) der Allgemeinen Geschichte von Joh. v. Müller. Wir sagen nicht mehr: „Wider ihren Wissen und Willen", sondern: „wider ihr Wissen und Willen"; dagegen: „in die Kreuz und Quer", während es noch bei Wieland richtiger: „in's Kreuz und in die Quer" heißt. Das Wort „Gift" kommt in allen drei Geschlechtern vor: der Gift (boshafter Zorn, Jemandem den Gift abzapfen), die Gift (Gabe, Mitgift) und das Gift (Gesundheit verderbender Stoff). In den älteren Bibelausgaben noch weiblich, z. B. Jak. 3, 8: die Zunge, das unruhige Uebel, voll töbtlicher Gift. Die Stelle Luk. 10, 42 übersetzt Luther: „Maria hat das gute Theil" erwählt; von Eß: „den besten Theil". Wir schwanken noch: „Ich für mein Theil" und „für meinen Theil", wählen aber entschieden das sächliche Geschlecht in Sätzen wie: der Leser denkt sich sein Theil. „Der Erbtheil" ist seltener geworden; „das Erbtheil" (Erbe) gebräuchlicher. Goethe hat noch „das obere, mittlere und untere Theil einer Statue"; wir brauchen in diesem Falle das männliche Geschlecht, sagen auch nicht mehr mit Joh. v. Müller (a. a. O. I): deren Geheimniß darin besteht, ein Theil des Heeres außer dem Gefecht zu halten.

Daß wir: die Erkenntniß (intelligentia) und das Erkenntniß (des Richters), der Schild (des Ritters) und das Schild (des Handwerkers), der Bund (der Völker) und das Bund (Stroh) unterscheiden, ist ein Fortschritt, und es sollte der Unterschied nicht wieder aufgehoben werden durch Zurückgehen auf älteren schwankenden Gebrauch. So schreibt z. B. Dr. Fr. Pfaff (Vier Tage im Firn, A. A. Z. 7. Aug. 75):

  Ein ungeheurer Bund Stroh, den einer der Träger mitgebracht ꝛc.

So sollte auch „Gehalt" = Einkommen im sächlichen Geschlecht unterschieden werden vom „Gehalt" = Inhalt; das Wort wird aber auch im ersteren Sinne jetzt oft als Masculinum gebraucht. Wie mit dem Geschlecht sind wir auch mit der Mehrheitsform nicht sicher. Statt „Gehalte" treffen wir in norddeutschen Zeitungen und Schriften meist „Gehälter". Eine Stelle im Rescript des Cultusministers v. Falck lautet:

  „Ich habe bereits in meiner Verfügung vom 28. März 1875 darauf hingewiesen, daß der Lehrermangel aufhören werde, sobald die Gehälter überall auf eine auskömmliche Höhe gebracht sein werden."

Sehr interessant wäre eine Uebersicht derjenigen Hauptwörter, welche im Dialekt ein von der Schriftsprache abweichendes Geschlecht erhalten. In Bregenz und Hard, drüben in der Schweiz, am ganzen nördlichen Gestade des Bodensees sagt man: der Butter, der Bank, der Luft (= Wind), der Beil (st. das Beil). Im Bregenzer Walde statt: die Molke — das Molken.

Im Allgäu: der Traub (die Traube). Auch „das Zit" (die Zeit) ist echt alemannisch *). Doch das nur nebenbei!

Inwieweit Standes-, Geschlechts- und Familiennamen auch im weiblichen Geschlecht zu bezeichnen seien, ist durch keine feste Regel zu bestimmen. „Frau Rath" — „Frau Consistorialräthin" — „Frau Präsidentin". „Frau Präsident" würde den Schein erwecken, als wäre der Frau das Präsidentenamt übertragen; doch fällt das „in" meist weg, namentlich in Norddeutschland, während die oberdeutschen Mundarten dasselbe noch gern beibehalten. „Frau Pfarrerin" — sogar „Frau Landammännin". Früher ward auch in der Schriftsprache das Geschlecht bei Eigennamen bezeichnet. „Die Weberin, Schulzin, Königin" (Frau Weber, Schulze, König). Lessing erwähnt oft der Frau Neuberin (Neuber); sie führte ihn in das theatralische Leben ein.

„Mit so vielen Verbesserungen indessen, als ich hatte anbringen können, kam mein „junger Gelehrte" in die Hände der Frau Neuberin"**). Schiller schreibt in vertraulicher Weise an Goethe vom Befinden der Humboldtin (Frau v. Humboldt). Jetzt hat nur noch die Volkssprache diese Bezeichnung des Geschlechts an Eigennamen beibehalten. Im Plattdeutschen ist zur Bezeichnung der Frau des Mannes die Nachsylbe „sche" (die Weber'sche, Köster'sche = Frau Weber, Köster) gebräuchlich, während eben diese Sylbe im Oesterreichischen im Plural für die ganze Familie gebraucht wird. („Auch die Weber'schen waren auf dem Ball" = die Familie Weber.) Im familiären Styl wird auch die Mehrheitsform (ein apostrophirtes 's) für die Familie als Collectivbegriff gebraucht („die Humboldt's sind abgereist"). Es ist kein Grund vorhanden, diesen Gebrauch im Schrifthochdeutschen als Fehler zu rügen, wie es in dem übrigens sehr schätzbaren Büchlein „Deutscher Anti-Barbarus" von K. G. Keller (Göppingen 1866) geschehen ist.

Was die Beziehung von männlichen Hauptwörtern im prädicativen Satzverhältniß zum Subjectwort weiblichen Geschlechts betrifft, so herrschte da von jeher auch in der Schriftsprache möglichste Freiheit. Im „Iwein" heißt es:

vrouwe, hân ich ju gelogen,
sô bin ich selbe betrogen....
verriet ich iuch, waz wurde mîn?
nû müezt ir mîn ritaehre sîn!

---

*) Vgl. „die Alemannische Sprache rechts des Rheins seit dem 13. Jahrh." von Ant. Birlinger (Berlin, 1868). Seite 152 ff.

**) Friederike Neuber, selbst eine bedeutende Schauspielerin, hatte in Leipzig eine Gesellschaft gegründet und das deutsche Schauspiel nach Kräften gepflegt. Sie brachte das Lustspiel des jungen Lessing zur Aufführung.

„Nun müsset ihr (die Frau) mein Richter sein!" Als Richter und Gesetzgeber pflegen Männer zu fungiren.

Schiller (Befreiung der Niederlande) schreibt: der erste Gesetzgeber ist die Noth.

In Schillers Drama sagt die gefangene Maria zur Königin Elisabeth: „Regierte Recht, so läg't ihr von mir im Staube jetzt, denn ich bin euer König!" Ebenso wählt der Dichter das männliche Geschlecht — wohl nicht allein dem Rhythmus zulieb —, in den Worten Mortimers: „Du warst die Königin, sie der Verbrecher!" Das männliche Geschlecht „der Verbrecher" verschärft den Gegensatz der Härte und Strenge der Elisabeth zur Milde und Güte der Maria Stuart.

Vollends pedantisch wäre es, bei leblosen Gegenständen auf völlige Congruenz des Geschlechts zu bringen. K. G. Keller hat als fehlerhaft notirt:

„Diese trockenen Berg- und Höhenwiesen sind wahre Mistfresser."
(Württemberg, Land, Volk und Staat.)

es müsse heißen: Mistfresserinnen.

Ich finde „die Mistfresser" viel passender zur Hervorhebung der Energie in der betreffenden Thätigkeit und Wirkung als „Mistfresserinnen", welche weibliche Form hier geradezu komisch erscheint. Ebenso will mir „der Feind" in folgender Stelle bei Just. Möser (Patr. Ph. I) sehr passend scheinen im Gegensatz zur wohlthuenden „Freundin":

Mein lieber Arist, ich habe auch die Welt gesehen und gefunden, daß Langeweile unser größter Feind und eine nützliche Arbeit unsere dauerhafteste Freundin sei.

An einem anderen Orte heißt es ebendaselbst:

Jetzt verwandelte sich seine Erkenntniß in die lebhafteste Ueberzeugung, da die Noth bei ihm sich als ernsthafter Sittenlehrer einstellte.

Eine gewisse dichterische Freiheit steht in solchen Fällen dem Autor wohl an und ist durchaus nicht zu tadeln.

Ein Anderes ist die Verwechslung des Geschlechts in den besitzanzeigenden Fürwörtern, die sich auf ein Hauptwort beziehen, das ihnen die Geschlechtsform vorschreibt. Diesen Fehler trifft man sehr oft in den Anzeigen der Zeitungen; z. B.

Vermöge dieser Lage empfiehlt sich die Inselstadt Lindau mit seiner Umgebung ganz besonders zum Sommeraufenthalt.
(Beil. zur A. A. Z. Nr. 137, 1875.)

Wäre bloß von „Lindau" die Rede gewesen, so wäre das sächliche Geschlecht des Pronomens vollkommen richtig gewesen. Uebrigens ist die Sache keineswegs so einfach, als sie auf den ersten Anblick scheint. Die ältere Sprache setzte „sein" statt „ihr" und das Volk in Südbayern sagt noch heute: der Mutter sein Haus. „Der anderen Leuten seine (st. ihre) Projecte gern zu Schanden macht", finden wir auch bei Lessing und in einem Sinngedicht Lessings, worin von den neuen Welten die Rede ist, lautet die zweite Strophe:

> Freund, bringe nur zuerst auf's Reine,
> Daß in den neuen Welten Weine
> Wie in der, die wir kennen, sind!
> Und glaube mir, dann kann ein Kind
> Auf seine Trinker schließen!
>
> (Die Planeten.)

Doch hat sich als stehende Verbindung das adverbiale „seiner Zeit" erhalten und ist fast allgemein in Gebrauch gekommen, auch abgekürzt, s. Z. — gleichviel, ob das Subject im Singular oder Plural steht oder das Hauptwort, worauf sich seiner Zeit bezieht, männlich oder weiblich ist. „Wir werden dir es seiner Zeit mittheilen"; es würde sehr geziert klingen, wenn man da sagen wollte: „Wir werden dir es unserer Zeit mittheilen."

Zwar hat Uhland, wie Fr. Notter S. 138 in seinem biographischen Werke über den Dichter berichtet, sich für die bezügliche Umwandlung entschieden; er hatte in einem Briefe an seine Eltern, dem allgemeinen Sprachgebrauch folgend, zuerst geschrieben — „daß ich hier manche seiner Zeit vielleicht nützliche Bekanntschaft gemacht", dann aber beim Wiederdurchlesen des Manuscripts verbessert: „daß ich hier manche ihrer Zeit vielleicht nützliche Bekanntschaft gemacht." Doch solche Reflexionen von Sprachgelehrten stehen keineswegs immer in Einklang mit dem, woran das Volk im Großen und Ganzen festhält. Wie fest dieses „seiner Zeit" geworden ist, können wir sogar daraus entnehmen, daß neuerdings Versuche gemacht werden, aus dem Adverb wieder ein Adjectiv zu bilden. So z. B. war in einem Artikel der A. A. Z. vom 29. Juli 1875 von der Ernennung des Dr. R. die Rede, „des seinerzeitigen Berichterstatters".

> Um die Bedeutung Munzingers in's rechte Licht zu setzen, um seine Vielseitigkeit hervorzuheben, genügt die Behauptung, daß die englische Armee ohne Munzingers Dienste nie Magdala erreicht haben würde; eine Behauptung, welche seiner Zeit im Englischen keinen Widerspruch fand.
>
> (Ismael Pascha von Gerh. Rohlfs. Daheim, August 1875.)

In dieser Weise wird das „seiner Zeit" fast durchgängig gebraucht. Nur selten treffen wir „ihrer Zeit" mit Bezug auf ein weibliches Substantiv:

> Zunächst beschäftigte die versammelten Mitarbeiter die Herstellung einer Geschichte des deutschen Volks, welche an Stelle der ihrer Zeit tüchtigen aber veralteten „Geschichte der Teutschen" von Pfizer treten soll.
>
> (A. A. Z. 1875, 10. Oct.)

Die Adjectivform „seinerzeitig" gehört übrigens zu den theils ungeheuerlichen, theils matten und blöden Wortbildungen, an denen unsere Zeit mit ihrem ewigen Sensationsbedürfniß, ihrem auf pikante Ueberraschungen ausgehenden Feuilletonstyl und ihrem alle Schriftstellerei beherrschenden Zeitungsgeklatsch, mit ihrer Vermengung der Schreibarten in ein chaotisches Gewirr, mit ihrer demokratischen, alle Unterschiede vernichtenden und maaßvolle Formenschönheit verachtenden Richtung keinen Mangel hat. Ich erinnere nur an Wortbildungen wie die „**Inanspruchnahme**", „**Inangriffnahme**", „**die Inbaugebung**", „**Brauchbarmachung**" und „**Unbrauchbarmachung**", die „**desfallsigen Schwierigkeiten**", „**allenfallsigen Bewerbungen**", die „**diesbezüglichen Unterschiede**"; die „**Vereinheitlichung des deutschen Volks**", an die „**Selbständigstellung der Gemeinden**", die „**Speculationsbethätigung in bekannten und unbekannten Werthen**". Berth. Auerbach bringt diesen Ausdruck in einem Aufsatze der Deutschen Rundschau über Gottfr. Keller (Juli 1875). Ebendaselbst „eine allgemeine **Betrachtnahme**", „**verwundersam**", „**gesprächsam**", „**bedenksam**", „**grundhaltig vorbereitet**", „**in der Betroffenheit des Geschicks**", „**instrumentales Begleiten**". Unsere Sprache kennt zwar einen „Züchtling", aber keinen „Unzüchtling" (aus dem Substantiv „Unzucht" gebildet), wie Joh. Scherr den Papst Alexander VI. nennt. Wir treffen bei diesem Autor auf neue Wortbildungen, wie „Knechtschaffenheit" und „Krakelokratien", „Molkenverdauungsspaziergänge", „Mittelalterraritätenreichskästen" und ähnliche monstra, die meistens nicht ohne Witz, dem guten Geschmack aber nicht förderlich sind; der „Kritikaferlaken", „Dummlinge", „Wimmerlinge", „abgestandenen Dietriche" und ähnlicher „Koseworte" ganz zu geschweigen. Selbst sehr ernste in schwerer Rüstung einherziehende Dichter, wie Felix Dahn, bringen Zusammensetzungen, wie qual-entkettet, goldkronig, Abendgold-Geblende. (Zwölf Balladen. Leipzig, 1875) Schon bei E. M. Arndt begegnen wir dieser unbegrenzten Willkür. Wörter wie: Hinundherlaufungen, Geheimnißwurmereien, Schlaghalsigkeit, Trunkenboldigkeit ꝛc. tummeln sich wie Kobolde in seiner Diction.

Selbstverständlich soll mit diesen Bemerkungen nicht dem frischen Bildungstriebe, den unsere deutsche Sprache vor den romanischen Sprachen voraus hat, entgegengetreten werden. Auch die schriftstellerische Individualität hat ihre volle Berechtigung auf etymologischem Felde. Aber da der Deutsche Alles leicht übertreibt und selbst in seiner „dichterischen Freiheit" so leicht pedantisch wird: so halte ich Andeutungen wie die vorausgegangenen keineswegs für überflüssig. —

Dem Gesetz, daß allmählich an die Stelle des sinnlich-anschau­lichen, concreten Ausdrucks der abstractere tritt und als der feinere dem gröberen vorgezogen wird, muß sich auch unsere Muttersprache fügen. Die französische Sprache ist uns darin weit voraus und hierin liegt ein Hauptgrund, daß wir in allen Beziehungen des geselligen Lebens so viel Ausdrücke und Phrasen von ihr entlehnt haben. Wir nehmen Anstand, unseren Gästen zu sagen: **Setzen Sie sich!** also das Niedersetzen gewissermaaßen zu befehlen, es ist zu anschaulich und geradezu; wir sagen lieber nach französischer Weise: **Nehmen Sie Platz!** — welche höchst abstracte Umschreibung des einfachen Bewegungsactes mehr an den eigenen Willen der Eingeladenen, ihre Plätze gleichsam zu erobern, sich zu wenden scheint. Man **trinkt** nicht den Thee — das wäre viel zu gemein —; man **nimmt** ihn. Hohe Herr­schaften „frühstücken" nicht, sie „**nehmen das Frühstück ein**", bei „höchsten und allerhöchsten Herrschaften" darf aber auch vom Frühstück oder Frühmahl überhaupt nicht mehr die Rede sein, das deutsche Wort ist da nicht mehr „vornehm" genug und es wird das Déjeûner und ein Déjeûner dînatoire „eingenommen".

Von dieser Französelei, die nach dem ruhmvollen Kriege von 1870/71 stärker geworden ist, denn je, — einzelne ehren­werthe Ausnahmen, wie die bekannte Verordnung des General­postmeisters Stephan in Abrechnung gebracht — nur im Vorbei­gehen! Wir bilden auf eigenem Grund und Boden solche abstracte Zusammensetzungen, um dem einfachen concreten Verb auszu­weichen. Zum Beispiel sagen wir statt: „entfallen" oder „weg­fallen": **in Wegfall kommen!** oder gar: **in Wegfall bringen.**

> Das h vor helt wird in Wegfall gebracht!
> (Dr. Fr. Pfalz im Pädag. Jahresbericht 1871.)

Würde die kürzere Form: das h wird weggelassen! nicht dieselben Dienste leisten?

Ad. Stahr erzählt (Westermanns M.-H. Oct. 1875) aus seiner Jugendzeit von einem Major, der sich an seiner Erziehung betheiligte:

> Ich folgte seinen Anweisungen und Winken um so lieber, als dieselben mit den Ansichten meines Vaters durchaus im Ein­klange waren, der dem befreundeten Manne diese mir erwiesene Achtsamkeit durch die Sorgfalt, welche er auf Erziehung und Unterricht seines Sohnes verwendete, zu vergelten **sich bemüht erwies.**

In der vormärzlichen Zeit war man — trotzdem, daß manche Kraft lahm **gelegt** war — doch noch „**im Stande**", Dies und Jenes zu thun. Nach der verunglückten Revolution von 1848, als die diplomatischen Schaukeleien begannen, war man nur noch „in der Lage" und ist bis jetzt in der Lage geblieben und hat diesem Ausdruck den Vorzug gegeben. Seitdem die „Preßbureaux" an den „maaßgebenden" Stellen eingerichtet worden, kann kein ganz- oder halb- oder auch nicht officieller Artikel geschrieben werden, in welchem nicht das diplomatisch wichtig thuende „maaßgebend" zu finden wäre und dieser oder jener Punkt „betont" würde. Das „betonen" ist in kurzer Zeit ein beliebter Modeartikel geworden. Was man nicht gerade heraus sagen will, kann wenigstens aus dem Tone der Rede erschlossen werden. Das „nachdrücklich hervorheben" ist nicht beliebt, weil zu grob und geradeaus, das musikalische Wort ist feiner und so fehlt es denn auch nicht an Stimmungen, die an die Stelle der politischen Ansicht und Ueberzeugung treten und es werden „Stimmungsbilder" gezeichnet, „aus Wien" „aus Berlin", „aus Paris", auch „Stimmungsnachrichten" gegeben. Ein Festbericht aus Czernowitz (A. A. Z., Beil. 1875, 8. October) beginnt sogar: „Würdig und stimmungsvoll hat der heutige Tag, der Vortag der Feste, die Doppelfeier eingeleitet."

Der Wellenschlag der Zeit bringt das eine Wort in Aufnahme, das andere in Vergessenheit oder macht den einen Ausdruck beliebt, den anderen unbeliebt. Wie Vieles hat sich seit der Zeit unserer Classiker geändert! „Ich ergreife den Augenblick" schrieb Schiller an Goethe, „da meine Frau ganz ohne Besonnenheit liegt" 2c. Wir würden „Bewußtsein" oder „Besinnung" sagen. — Wieland an Schiller: „Meine Familie empfiehlt sich Ihrem Andenken und erfreut sich mit einem beinahe heroischen Uneigennutz, daß es Ihnen in Rudolstadt so wohlgefällt." (Leben Schillers von Karol. v. Wolzogen.) Die Verfasserin genannten Werkes schreibt: „Die Gemahlin des Herzogs fühlte in ihrer großen Seele eine innige Anneigung zu Schillers Werken." Wir sagen: Hin- oder Zuneigung. Wir sagen auch nicht mehr: die Ereigenung, sondern das Ereigniß; nicht die Vereinständniß, sondern das Einverständniß; nicht die Theilnehmung, sondern Theilnahme. „Er warnte mich unbewunden" heißt es in Goethe's Wahrheit und Dichtung; wir sagen: unumwunden, nicht verneuen, sondern erneuen, nicht: das ist sehr vermuthlich, sondern das ist sehr wahrscheinlich. Lessing läßt den Maler Conti zum Prinzen sagen (Emil. Gal. I, 4.):

> Vieles von dem Anzüglichsten der Schönheit liegt ganz außer den Grenzen derselben.

Ebenso heißt es in Werthers L.:

> Ich weiß nicht, was ich Anzügliches auf die Menschen haben muß.

Wir sagen „Anziehendes" „für die M.", da „Anzügliches" einen ganz anderen Sinn gewonnen hat.

„Es ist gut, mit Allem, was Gefahr heißt, sich vertraulich zu machen" heißt es in Lessings Minna v. B.; wir machen uns mit der Gefahr vertraut.

„Solchen Leuten (die sich nichts bieten lassen) bin ich gut" sagt Lisette in Lessings Lustspiel „der Jude" — „denn ich bin auch ein wenig unleidlich" — d. h. ich leide keine Beschimpfung. In jetziger Zeit möchte keine Kammerjungfer sich „unleidlich" nennen.

„Ihr Brief", schrieb Goethe — 5. Dec. 1798 — an Schiller, „findet mich in großer Zerstreuung und in Beschäftigungen, die mit meinem ästhetischen Urtheile über dramatische Motive nichts Gemeines haben."

Wir lassen die Thür sich öffnen, bei Goethe eröffnet sie sich noch. Mit dem Unterschiede des „herein" und „hinein", der jetzt schon unseren Elementarschülern begreiflich gemacht wird, nahm man's früher weniger genau. In Goethe's Romanen finden wir nicht selten ein „herein", wo wir „hinein" sagen und umgekehrt, z. B. in Werthers L. „Es kam eine Freundin zu Lotten und ich ging herein in's Nebenzimmer." „Es waren noch wenige in der Gaststube. Da kommt der ehrliche A... hinein, legt seinen Hut nieder" 2c.

Gleim spricht noch von einem „Sinnengedicht", wir haben die kürzere Form „Sinngedicht" gewählt, dagegen wieder statt des kürzeren „Pfaffthum" (auch bei Goethe) die vollere Form „Pfaffenthum" angenommen. An die Stelle des früheren „Widersprechungsgeistes" ist der „Widerspruchsgeist" getreten. Statt „ingeheim" sagen wir „insgeheim" und lassen auch nicht den Artikel weg (wie es bei Lessing, Goethe 2c. der Fall) bei in: in Arm genommen, in Kopf gesetzt, in Meinung 2c.

> Die Nachbarin hörte die starken Stöße. Sie frühstückte gleich (wir sagen: „eben") und kam also mit dem Messer herzugelaufen in Meinung, es sei ihrer kranken Nachbarin etwas zugestoßen.
> (Lessing, Briefe.)

An die Stelle des einigen oder eingebornen Sohnes ist jetzt der einzige getreten. Das „einige" Deutschland und das „einzige" Deutschland decken sich nicht mehr. „Die Scipionen widersetzten sich dem Gedanken der Zerstörung dieser einigen Stadt," heißt es bei Joh. v. Müller (a. a. O.) „welche Rom abhalten konnte, sich frech den Leidenschaften zu überlassen."

In wie vielen Punkten wir heute noch eben so ungewiß und im Schwanken begriffen sind, wie es vor hundert Jahren und länger der Fall war, das mag der folgende Abschnitt zeigen, der vorzugsweise das Verb, den Nerv des Satzes, in's Auge fassen soll.

Wer heutzutage das Verb „lehren" für „lernen" und „lernen" für „lehren" gebrauchen wollte, der würde zwar einen bedenklichen Verstoß wider den Sprachgebrauch begehen, könnte sich aber doch zu seiner Rechtfertigung auf diese und jene Stelle in unseren Classikern berufen. „Ei, das hat Sie der Geyer gelernt!" sagt Martin Krumm in Lessings Lustspiel „der Jude". Und Georg in Goethe's Götz v. B.: „Dafür pfeif' ich ihnen auch allerlei Weisen und lerne sie allerlei lustige Lieder."

Im Plattdeutschen wird leren für discere und docere gebraucht und das norddeutsche Volk ist geneigt, wenn es Hochdeutsch spricht, auch „lernen" statt „lehren" zu sagen. Luther, dem Volksgebrauch sich anschließend, hat oft: Christus lernet uns lieben. Wie leid ist mir's, daß mich dieselben (die Dichter und Geschichten) „niemandt gelernt hat." Umgekehrt hat der Nürnberger Hans Sachs: Auch lert ich die Kunst der Gestirne (d. h. auch lernt' ich die Astronomie).

Wir sagen noch: in die Lehre gehen. Die Lehrjahre (d. h. Lernjahre), Lehrbrief (der über die absolvirte Lernzeit ausgestellt ist). Und hinwiederum heißt es in Schillers „Geisterseher": Und wie heißt denn die Formel, die er dir eingelernt hat?

Soll „lehren" mit doppeltem Accusativ oder mit dem Dativ der Person und Accusativ der Sache construirt werden? Ist es richtiger, zu sagen: Ich lehre dir die Sprache — oder: ich lehre dich die Sprache? Beides ist heutzutage im Gebrauch; doch kam der Dativ für das persönliche Verhältniß erst zu Ende des vorigen Jahrhunderts in Aufnahme, während im Mittelhochdeutschen durchaus der doppelte Accusativ festgehalten wurde, bis in's letzte Viertel des vorigen Jahrhunderts hinein. Der langdauernde Einfluß des Lateinischen hat wohl dazu mitgewirkt, daß sich derselbe so lange erhalten konnte.

Ich danke dir von ganzem Herzen, daß du mich lehrest die Rechte deiner Gerechtigkeit. (Luther, Pf. 119, 7.)

Wer lehrte dich diese gewaltigen Worte?
(Lessing, Faustfragment.)

— und daß ein Teufel mich dieses lehren muß!
(Ebendas.)

Mein Vater lehrte die Schwester in demselben Zimmer italienisch. (Goethe, W. a. D.)

Doch finden wir auch schon bei Goethe (Wilh. M's. Lje.):
Sie lehrte ihm kleine Lieder.
Nur das Leben lehret Jedem, was er sei.
(Goethe's Tasso.)

Und bei Schiller (Vieilleville):
So hatte es ihm der Connetable gelehrt.

Bei Georg Forster (Ansichten vom Niederrhein), Tieck und den Romantikern tritt dann ganz entschieden der Dativ auf, der unserem Sprachgefühl nicht nur nicht widerstrebt, sondern demselben entgegenkommt, da in dem Begriff des „Lehrens" ein Geben, Mittheilen, ein persönliches Verhältniß liegt, das zum sachlichen Object des Lehrens in entsprechenden Gegensatz tritt. Mir ist noch wohl erinnerlich, wie es mir schon als zehnjährigem Quartaner widerstrebte, als ich das docco te linquam graecam auf gut deutsch übertragen sollte: ich lehre dich die griechische Sprache. Und noch jetzt kann ich mich nicht eines widerstrebenden Gefühls erwehren, wenn ich (z. B. in Spielhagens Roman: In Reih und Glied) lese: „Er wollte mich sogar lateinisch lehren."

Selbstverständlich muß beim Infinitiv: ich lehre dich schreiben, tanzen, fechten 2c. ebenso der Accusativ stehen, wie wir sagen: ich lasse dich warten. Dagegen liegt es nahe, zu sagen: diesen Kunstgriff hat mir der Fechtmeister gelehrt, wie wir sagen: hat mir der Fechtmeister gezeigt, beigebracht. Und im Passiv heißt es dann auch von Rechtswegen:

Dieser Kunstgriff ist mir von meinem Fechtmeister gelehrt worden.

Ein gleiches Schwanken in der Rection zeigt uns das Verb „versichern", das erst im Neuhochdeutschen seine nicht unwichtige Rolle zu spielen begonnen hat. Im Sinne von „sichern, sicher stellen" ist der Accusativ außer Zweifel. „Euch kann kein Kerker tief genug begraben, nur euer Tod versichert ihren Thron" sagt Mortimer zu Maria Stuart (I. 6). Es ist von Königin Elisabeth die Rede; wäre das persönliche Object noch ausdrücklich genannt, so wäre auch der Dativ desselben vollkommen berechtigt gewesen. „Nur euer Tod versichert ihr (dativus commodi) den Thron", wie es im zweiten Act desselben Trauerspiels heißt: „Euer mächtiger Beistand versichert uns (dat.) den glücklichen Erfolg". (acc.) Wir sagen: Ich habe meine Möbeln versichert. Da haben wir es mit dem rein-sachlichen Object zu thun. Das „versichern" wird aber auch zum „bekennen, betheuern", zum affectvollen „sagen", nach welchem der Dativ der Person eintritt. Wir halten uns mehr an diesen Sinn des Worts, während im 16. und 17. Jahrhundert mehr das „sichern" im „versichern" beachtet und darum der Accusativ gesetzt wurde.

Bei unsern Classikern kommt zwar immer noch der Accusativ vor, besonders wenn das, was versichert wird, in der Form des Nebensatzes erscheint. So sagt in Lessings „der Jude" (22. Auftr.) das Fräulein:

Sind Sie etwa meinetwegen in Sorgen? Ich versichere Sie, ich werde dem Papa mit Vergnügen gehorchen.

Schiller schreibt (über Dalberg) an Lottchen Lengefeld: —

auch versichert er mich bestimmt und nachdrücklich, daß er für mich handeln will.

> „So könnt Ihr mich für ganz gewiß versichern, daß mein Name nicht genannt ist?"

spricht Leicester zu Mortimer in Schillers Mar. St.

Doch treffen wir bei ihm fast ebenso häufig den Dativ:

> Ich versichere Ihnen bloß, daß 2c. Ich versicherte ihr, daß ich mich an einer solchen Art Armuth nicht fließe 2c.
> (Schiller, Briefw. mit Goethe.)

> Und dieser Brief versichert mir, daß sie verzeiht.
> (Maria Stuart.)

Goethe schwankt in einem und demselben Werke nicht bloß, sondern in einem und demselben Aufsatze zwischen mir und mich.

> Frau Porzia, die mich mit großer Verwunderung versicherte, daß ich 2c.
> — und mir versicherte, wenn ich nur wollte, [so] könnte ich der erste Mensch in der Welt werden. (Horen II, 4.)

In Wahrheit und Dichtung wird mit dem Gebrauch des Dativs begonnen, dann tritt aber der Accusativ wieder hervor: „Ich versicherte hastig meinen Freund, daß nun Alles abgethan sei", und wiederum der Dativ: „Alsdann versicherten sie mir, es wäre nicht Jedermanns Sache" 2c.

Selbstverständlich muß der Dativ der Person stehen, wenn ihm der Accusativ der Sache unmittelbar folgt, oder vorangeht: Ich versichere es dir. „Ich unterließ nicht, dieses ihm zu versichern" (Goethe an Knebel). Dagegen tritt die Person wieder in den Accusativ, wenn ein Substantiv im Genitiv das Object der Versicherung bildet: Ich versichere Sie meiner Anhänglichkeit.

Wie sehr berechtigt der Dativ der Person bei „versichern" ist, kommt bei der Verwandlung der activen in die passive Form des Verbs zum Vorschein. Wie wir sagen müssen: es ist mir gesagt oder berichtet worden, so können wir auch nicht umhin, zu sagen: es ist mir versichert worden. Niemand kommt in Versuchung, sich auszudrücken: Ich bin versichert worden — es sei denn, daß er von einer Lebensversicherung redet, wo sein Leben das sachliche Object der Versicherung (Assecuranz) bildet.

Das gleiche Schwanken treffen wir bei den sogen. unpersönlichen Verben. Sollen wir sagen: Mir ekelt — oder: mich ekelt? Beide Casus bestehen noch zu Recht, doch hat der Dativ den Vorzug erhalten. Wie im oben angegebenen Fall bei „versichern" tritt auch hier der Accusativ ein, wenn das Object im Genitiv steht.

> Ich habe sie nicht verworfen und ekelt mich ihrer nicht also, daß es mit ihnen aus sein sollte. (3. Mos. 26, 44.)

Wir finden ebenso häufig: Mich ekelt vor der Speise.
Mich ekelt vor diesem tintenkleckſenden Säculum.
(Schillers Räuber.)
Dagegen:
Des Denkens Faden ist zerriſſen,
Mir ekelt lange vor allem Wiſſen.
(Goethe's Fauſt, I.)

Ebenſo ſchwankt der Sprachgebrauch zwiſchen „mir ſchaudert" und „mich ſchaudert", „mir graut" und „mich graut".

Was iſt richtig: Ich laſſe es dir wiſſen — oder: ich laſſe es dich wiſſen? Laß mich wiſſen, ob ꝛc., oder: laß mir wiſſen? „Man hat mir wiſſen laſſen, daß nächſtens etwas für den Almanach erſcheinen werde" ſchreibt Goethe (Briefw.) an Schiller. Auch in Leſſings Nathan: „Er möchte es gern dem König wiſſen laſſen." Dagegen (Leſſings Briefw.): „Von wo er mich ſeine Ankunft nur darf wiſſen laſſen." Im genannten Briefw. zwiſchen Goethe und Schiller herrſcht „mich" vor. „Leben Sie wohl und laſſen mich bald wiſſen, wie es Ihnen und den Ihrigen geht" (Goethe). „Zugleich haben Sie die Güte, mich wiſſen zu laſſen, an wen ich in Weimar ꝛc. mich zu wenden habe." (Schiller)

Der ältere Sprachgebrauch hält am Accuſativ feſt und dieſer iſt das Richtige, inſofern er von „laſſen" abhängig iſt oder als abhängig gedacht wird. In „laſſen" liegt wie in „lehren" das Factitive; das altdeutſche lêran = machen, daß ein Anderer ſich ein Wiſſen, eine Fertigkeit aneignet. Wie wir ſagen: Laß mich gehen, laß mich zu ihm eilen, laß mich den Streit zu Ende führen! [— ich will der Thätige ſein, der da geht, eilt ꝛc.]: ſo müſſen wir auch ſagen: Laß mich (deine Gründe) wiſſen! [— ich will der Wiſſende ſein.] Inſofern aber in das „Wiſſenlaſſen" der Begriff des Meldens, Mittheilens, Kundthuens hineinſpielt und das perſönliche Object als dasjenige vorgeſtellt wird, für welches, dem zu Gefallen, zu Nutz' oder Schaden die Mittheilung geſchehen ſoll, iſt der Dativ, wenn auch nicht vollkommen gerechtfertigt, doch nicht ohne Grund. „Laß mir es wiſſen" = „Thue mir es kund und zu wiſſen!" „Laß mir den Tag deiner Ankunft wiſſen."

Auch zwiſchen: „es koſtet mir" — und „es koſtet mich" hat der Sprachgebrauch lange geſchwankt und derſelbe iſt noch immer nicht feſt. Luther hielt noch am Accuſativ feſt und auch bei unſeren Claſſikern begegnen wir dieſem Caſus oft, doch tritt bei ihnen der Dativ ſchon herrſchend auf, namentlich bei Schiller. Dieſer (im Briefw. mit Goethe) ſchreibt zwar noch: Der Ankauf hat mich 1150 Reichsthaler gekoſtet. — Ich verſprach's ihm, weil mich dieſe Gefälligkeit weniger koſtet, als ein Beſuch bei ihm. Ebendaſ. aber auch: Es wird mir viel Zeit koſten, alle dieſe Ideen zu entwirren. — Dieſer Act hat mir deßwegen viel Zeit gekoſtet und kostet mir noch acht Tage, weil 2c. In Maria Stuart: Es kostet dir ein einzig Wort. — Ach, Sir, es hat mir Qualen genug gekostet! In Wallenstein: daß es den liebsten Freund mir würde kosten 2c. — Freu' dich des Siegs, vergiß was er dir kostet.

Wir sollten dem Schwanken ein Ende machen und am Dativ der Person und Accusativ der Sache festhalten. Was kostet das Buch? Einen Thaler. Wem kostet es die Summe? Mir. Ebenso in figürlichem Sinne: Es hat mir viel Mühe gekostet. Schon J. Möser schrieb:

> Gutes Herz! Schreckliches Geschenk der Gottheit! was kostest du mir! (Patr. Ph. 2.)

Bei dem unpersönlichen Verb „dünken" treffen wir nicht nur ein Schwanken zwischen: es dünkt mir und mich, sondern auch zwischen: „es dünkt" und „es däucht".

Von dem alten jetzt ganz außer Gebrauch gekommenen dunken, lautete das Imperfect dûhte, wie von denken: dâhte. Aus dûhte (dûchte) bildete man rückwärts die Präsensform ducht oder daucht, ablautend in däucht.

> Mich dûhte daz mir nie
> lieber wurde danne mir ze muote was —
> „Mich däuchte, daß ich nie zuvor freudiger gestimmt war"

— heißt es bei Walther v. d. Vogelweide (6. 25, Franz Pfeiffer, Classiker des Mittelalters, I). Im Mittelhochdeutschen war der Gebrauch des Accusativs vorherrschend, während im Althochdeutschen schon der Dativ öfters vorkam. Erst im Beginn des 18. Jahrhunderts machte sich wieder der Dativ geltend, doch blieb noch bei Herder, Wieland und auch Goethe der Accusativ überwiegend, Schiller neigte sich mehr dem Dativ zu, ebenso Lessing. Schiller sagt gern: mir däucht, Goethe: mich dünkt; beide aber wechseln oft. „Mir däucht doch, als tränk' ich Wein!" ruft Frosch in Auerbachs Keller. In Werthers L. heißt es wieder: Sie nannten den bösen Humor ein Laster; mich däucht, das sei übertrieben. Und im kleinen Drama „Die Aufgeregten": Mich dünken alle Güter gleich. Im Briefw. zwischen Goethe und Schiller sehen wir, wie das Beispiel zieht. Zuerst hält Goethe am „mich dünkt", Schiller am „mir däucht", dann versteht sich Goethe zum „däucht", vorläufig noch mit „mich", und Schiller zum „mir dünkt".

Schiller schreibt an Goethe (17. August 1797):

> Mir däucht, wo das eine nicht zu erreichen ist, muß man das andere einschlagen.
> — wenn gleich ein mächtiges und glückliches Naturell über Alles siegt, so däucht mir doch, daß manches brave Talent darunter verloren geht.

Goethe antwortet (22. August):

> Das Zufällige macht eigentlich, wie mich dünkt, das Ahnungsvolle und Sonderbare in der Geschichte.

Schiller in einem der nächsten Briefe (7. September):
> Das sentimentale Phänomen in Ihnen befremdet mich gar nicht und mir dünkt, Sie selbst haben es sich hinlänglich erklärt.

In einem folgenden Briefe wieder:
> Und so däucht mir, daß Leere und Gehaltreiche mehr im Subject als im Object zu liegen.

In G. Freitags „Ingo und Ingraban":
> So dünkt mir gut, daß dein Gast unbekannt in meinem Hause weile.
> Mich dünkt, er begehrt Geschenke.

Wir sind nicht einmal darüber einig, wie wir so ganz gewöhnliche, tagtäglich gebrauchte Zeitwörter wie: bezeigen und bezichtigen schreiben sollen. Ob zu sprechen und zu schreiben sei: Ich bezeige Ihnen meine Ehrfurcht — oder: ich bezeuge Ihnen meine Ehrfurcht — darob herrscht auch noch im neuen deutschen Reiche Zwiespalt. Obwohl es auf der Hand liegt, daß, wo Erkenntlichkeit, Dankbarkeit, Ehre bezeigt wird, es sich gar nicht um ein Zeugnißablegen, um ein testari, sondern um ein „erweisen", ein „darthun", „zu erkennen geben" handelt (se alicui inimicum ostendere = sich Einem feindselig zeigen): so ist die Form „bezeugen" statt „bezeigen" doch noch sehr im Gebrauch. In Württemberg schreiben Schulmänner, Gelehrte, Schriftsteller und Dichter in harmonischem Verein „bezeugen" — in den schwäbischen und alemannischen Dialekten sind die starken Umlautformen überhaupt beliebt —; aber auch die Sachsen haben am Ehrfurcht-Bezeugen Wohlgefallen gefunden, jenem Hange folgend, der sie ein B setzen läßt, wo ein P und umgekehrt ein P, wo ein B stehen müßte, der sie das i in ein ü und das ei in ein eu verwandeln läßt und umgekehrt das ü in ein i, das eu in ein ei.

Allerdings liegt im „Zeigen" auch oft ein „Zeugnißablegen"' wie im „Zeugen" ein „Zeigen", wie denn auch im Französischen unser „bezeigen" oft durch ein témoigner gegeben werden muß, z. B. sie bezeigte Lust, ihn zu heirathen: elle témoignait du goût pour l'épouser. In diesem Hineinspielen des einen Begriffs in den andern liegt wohl hauptsächlich der Grund des so lange fortdauernden Schwankens.

Auch unsere Classiker sind nicht frei davon. Goethe hat fast durchgehends „Ehrenbezeigung". „Ich erinnere mich, daß mein Vater und der Graf ein gemeinsames Gefallen bezeigten" (Wahrheit und Dichtung). „Ich bezeigte ihr viel Aufmerksamkeit" (Werthers L.). Natürlich in ähnlichem Sinne auch „erzeigte": „Dort erkletterte sie den Mast und erzeigte sich als kühner Matrose" (Wanderjahre I). Wir hätten in diesem Falle einfach „zeigte" gesagt. Aber es kommt doch auch vor: „Wir sprangen ihm entgegen, küßten seine Hände und bezeugten ihm unsere Freude" (Wahrheit und Dichtung). In Schillers Maria Stuart heißt es I, 3: „Mortimer tritt herein, ohne der Königin einige Aufmerksamkeit zu bezeugen." In Wallensteins Tod sagt Gräfin Terzky zu Wallenstein: „Weil du so viele Gunst ihm stets bezeugt."

In Lessings späteren Schriften treffen wir fast immer „bezeigen", der jüngere Lessing war noch tief in das sächsische „Zwickauerthum" eingetaucht und selbst der feinfühlige Körner, Schillers Freund, bezahlte demselben seinen Zoll. Im Briefw. mit Schiller finden wir z. B.:
> Mir schien er dem Damokles und Aristobemus zu viel Ehre zu erzeugen.

Der jüngere Lessing reitet noch oft auf diesem fahlen Pferde. Er schreibt von Berlin (20. Januar und 11. April 1749) an seinen Vater:
> Sie haben sich gegen mich viel zu vernünftig allzeit erzeugt ꝛc.
> — Wenn er mir auch sonst keine Gefälligkeit erzeugt hätte, mir sie gewiß doch jezo erzeugt ꝛc.

In diesen Briefen findet sich auch noch: würcklich (noch in der dritten Ausgabe von Joh. v. Müllers Allgem. Geschichte [1817] ist „würden, würcksam, Würckung" in Gebrauch), ferner: „erstücken" statt „ersticken". „Sie betauern das arme Meisen." (Meißen). „Betauern" kommt auch in den späteren Schriften Lessings vor. „Es ist eine weiße Vorsicht Gottes." „Sie haben offenbar andere Ursachen, als die Ueberzeigung der Wahrheit."

Ebenso wird „bezichtigen" in „bezüchtigen" verwandelt, auch bei Goethe. „Was ist euer Urtheil über Adelheiden von Weislingen, bezüchtigt des Ehebruchs und Mords?" (Götz v. B.)

Es ist für eine Sprache von hohem Werth, für zwei verschiedene Begriffe auch zwei verschiedene Worte zu haben. Wer „bezeugen" statt „bezeigen" schreibt und für „bezeugen" = Zeugnißablegen dasselbe Wort gebrauchen muß, der macht den Sprachschatz ärmer.

Gleich unpraktisch wäre es, aus etymologischen Gründen „Küssen" statt „Kissen" (Federkissen) schreiben zu wollen, wie Jac. Grimm in Vorschlag gebracht hat. In unserem Sprachgebrauch hat sich auch in der Schreibart der Unterschied zwischen „küssen" (einen Kuß geben) und „Kissen" festgestellt und dieser Sprachgebrauch ist unbewußt weiser gewesen, als die Grammatiker, welche sich vergebliche Mühe gegeben haben, „Kopfküssen" statt „Kopfkissen" zu schreiben und in Aufnahme zu bringen.

Die Verwirrung, das ganze Schwanken zwischen i und ü, e und ö, au, äu und ei wird nicht wenig genährt durch die Schlaffheit und Nachlässigkeit in der Aussprache der Vokale und Doppellaute; die schlechte Aussprache ist noch schwerer zu beseitigen als die Verwirrung in der Rechtschreibung.

3.

Bevor ich auf das Schwanken im Gebrauch der Zeiten und Aussageformen eingehe, mögen noch einige Streiflichter auf die Conjugationsformen fallen. Da tritt uns als eine der augenfälligsten Erscheinungen der Wechsel im Gebrauch der Hülfszeitwörter: sein und haben — entgegen. Der Süden unseres Vaterlandes bevorzugte von jeher das Hülfszeitwort „sein"; der Norden „haben": er ist gereist, gelaufen, gesprungen, gefahren, geritten; er hat gereist, gelaufen, gesprungen 2c. „Ich bin mit Uhland in keinem solchen Verhältniß gestanden" — schreibt Fr. Notter im Vorwort zu seinem Werkchen über L. Uhland. Ein Norddeutscher würde geschrieben haben: Ich habe mit Uhland in keinem solchen Verhältniß gestanden. Jetzt hat sich bereits eine Ausgleichung, eine Abnahme im Gebrauch von „haben" vollzogen und die mit „sein" gebildete Vergangenheitsform wird augenscheinlich bevorzugt. In Schillers Geisterseher heißt es zwar noch: — „als die Nachricht einlief, ein algierischer Corsar habe vorigen Tages an dieser Küste gelandet"; in Lessings Anti-Goeze: „Er hat sonst auch mir vorgeritten." Wir würden jetzt versucht sein, in beiden Fällen zu sagen: Es lief die Nachricht ein, ein algierischer Corsar sei gelandet 2c. Er ist mir vorgeritten 2c., obwohl das „haben" viel richtiger den Thätigkeitsbegriff hervorhebt. „Er hat viel gewandert" und „er ist viel gewandert" — in letzterem Falle heißt das: Er ist ein Vielgewanderter. Warum bist du mir nicht gefolgt? ist gegenwärtig sehr im Gebrauch. Goethe's Götz spricht zu Weislingen: Wenn du mir gefolgt hättest! Dagegen heißt es wieder in Schillers Wallenstein: „Du bist ihm hierher gefolgt." Wir finden jetzt häufig: Er ist mit ihm schlecht verfahren. In Wallensteins Tod: „Ja würdig hast du stets mit uns verfahren." Hinwiederum sagen wir: Ich habe darauf bestanden.

In Lessings „Freigeist" heißt es: Wie oft bin ich nicht darauf bestanden! Und ebendaselbst:

> Wie können sie es unserem Freunde zur Last legen, daß er die Freundschaft in diesem Sinne übergangen ist?

Soweit geht nun unsere Hinneigung zum Gebrauch des Hülfszeitwortes „sein" doch nicht; wir gebrauchen da ganz entschieden das Hülfszeitwort „haben", auch in folgenden Fällen:

> Dieses Mädchen ist sehr wohl bestanden. (Goethe.)
> Wodurch ist denn die Kirche bestanden vor den conciliis? (Luther.)

Wir sagen: Wodurch hat die Kirche bestanden? 2c. In Spielhagens Roman: — In „Reih und Glied" heißt es: „Wenn du ausgelernt und dann dem Vater ein paar Jahre zur Seite gestanden hast." Dagegen in den „Stimmungsbildern aus Berlin" (A. A. Z. 1875, B. 1, 60) — „während jetzt noch viele Leute behaupten, etwas müsse doch dahinter gesteckt sein." Der Sprachgebrauch schwankt da zwischen „sein" und „haben"; ist aber ein persönliches Subject vorhanden, worauf sich das „stecken" bezieht, so tritt „haben" ein.

> Wo habt ihr denn die ganze Zeit gesteckt? (Lessings Nathan.)
> Er hat stets zusammengesteckt mit ihm. (Schiller, Wallenstein.)

Wie es bei der Mehrheitsform gewisser Substantive oder bei der Steigerung gewisser Adjective der Willkür überlassen bleibt, den Umlaut eintreten zu lassen oder nicht (Aale und Aeler, Lager und Läger, Plane und Pläne — dummer und dümmer, gesunder und gesünder, klarer und klärer, zarter und zärter — „doch form' ich sie aus zärterem Thon" Goethe): so haben wir auch die Wahl zwischen „ladet" und „lädt", „kommst" und „kömmst", „verduftet" und „verdüftet" (Schillers Reiterlied), „rufte" und „rief", „erklimmte" und „erklomm", „backte" und „buk", „labete" und „lud". Von „heben" und „erheben" lautet die Imperfectform: hob und hub, erhob und erhub; letztere, schon von unsern Classikern bevorzugt, wird neuerdings wieder beliebt. Von „stehen": stand und stund 2c. „Bellen" wandeln wir jetzt gewöhnlich in schwacher Form ab: du bellst, er bellt, er bellte. Früher waren die starken Formen beliebt; so noch bei Gleim: du billst, er boll 2c. und auch bei Goethe:

> Doch immer kläfft es hinterher
> Und billt aus allen Kräften. (Kläffer.)

„Wo stickst du?" fragt Goethe's Götz seinen Georg. Wir sagen durchaus: Wo steckst du?

Bei „schneien" wird jetzt die schwache Form vorgezogen: es

schneiet, schneiete, hat geschnei[e]t; früher war gebräuchlich: es schnie, hat geschnieen. „Speien" hatte anfänglich die starke Form: spie, gespieen; im 16. Jahrhunderte ward die schwache Form „speiete" beliebt, dann ward sie wieder von der älteren verdrängt. Bei „weben" halten sich beide Imperfect= und Parti= cipialformen das Gleichgewicht: er webte und er wob, gewebt und gewoben. Von „rächen" wurde früher auch das umlautende Imperfect: er rach (bis in's 15. Jahrhundert) und er roch, Particip „gerochen" gebildet, jetzt ist die schwache Form üblich.

Von „fragen" wird oft, wenn auch nicht zu empfehlen, die Imperfectform: frug, früge und das umlautende Präsens: du frägst, er frägt gebildet. Von „setzen" hat sich das mittelhoch= deutsche Imperfect „satzte" in „setzte" (sätzte) umgewandelt. Matth. 13, 1 heißt es in Luthers Uebersetzung (noch in der hallischen Aus= gabe von 1741): An demselbigen Tage ging Jesus aus dem Hause und satzte sich an's Meer.

Die oberdeutschen Mundarten construiren „sitzen" mit „sein"; auch bei Wieland, Goethe, Rückert ist diese Form nicht selten; sie ist die ältere — der Künic was gesezzen; ez was ein Küni= ginne gesezzen über sê (Nibelungen Noth). Die Neueren setzen immer „haben" und auch Goethe überwiegend. Schon Winckelmann schrieb: Dieser Künstler hat auf dem Thron gesessen und wird ihm noch itzo gehuldigt.

Wie das ältere „sitzen" mit der starken Ablautung für das neuere „sich setzen" gebraucht ward — („er saß zu Tisch" = setzte sich zu Tische; „er saß auf" = setzte sich zu Pferde. „Gerne" schreibt J. V. Scheffel im Vorwort zu „Frau Aventiure" — „gerne nahm sie Einkehr bei Dichtern, saß traulich zu ihnen an das Heerd= feuer" ꝛc.): so findet ein ähnliches Verhältniß auch zwischen wiegen und wägen statt. „Wiegen" mit der schwachen Ab= lautung heißt: sanft hin und her bewegen. (Er wiegte sich in lieblichen Träumen.) Das stark ablautende „wiegen", aus dem älteren wegen (ich wege, du wigst, er wigt) gebildet, heißt: ein Gewicht haben. Es hat im Imperfect wog, Particip gewogen. Das transitive „wägen", dessen Particip der Vollendung gleich= falls „gewogen" lautet, bedeutet: das Gewicht untersuchen. Das Imperfect hat: ich wägte und ich wog. Im Präsens kommt der Unterschied zu Tage: Ich wäge, du wägst, er wägt das Paket und das Paket wiegt; ebenso im Particip der Dauer wägend und wiegend. Doch wird die Unterscheidung des transitiven und intransitiven „wägen" und „wiegen" nicht immer festgehalten. Man vergleiche: „du wägst mich mit dem Auge" (Lessing). „Das Glück deiner Tage wäge nicht mit der Gold= wage". (Goethe) und: „das stört sie in ihren Ueberlegungen nicht, wenn sie Kennikot, Semler und Michaelis gegen einander ab=

wiegt" (Werthers L.). „Mit den Menschen geht es mir schon besser. Man muß sie nur mit dem Krämergewicht, keineswegs mit der Goldwage wiegen." (Goethe, Italien. Reise.) „Gott aber wog bei Sternenklang der beiden Heere Sieg" (Gleim). „Da wird das Herz ihm gewogen" (Schiller). „Ich sah den Helm, daß er so blank und schön ꝛc. und da ich zweifelnd in der Hand ihn wog" ꝛc. (Jgfr. v. Orl.) Wie der hagere Mann einst den Erdball in der Hand wägte. (G. Forster, Ansichten vom Niederrhein, I.)

Die Grammatiker unterlassen nicht einzuschärfen, daß „verderben" in transitivem Sinne die schwache Conjugation habe, also zu sagen sei: er hat mir das Kleid verderbt, die Erziehung hat dieß Kind verderbt, die Schmeichelei verderbt den Fürsten. In praxi wird jedoch diese grammatische Vorschrift durchaus nicht befolgt; unser Sprachgefühl hat sich der schwachen Form entfremdet und der starken zugewandt — auch bei sittlichen Verhältnissen. Wir sagen: „die Schmeichelei verdirbt ihn", wie: „der Schneider hat mir das Kleid verdorben." Schon bei Goethe hin und wieder: O daß den bösen Verführer die Götter verderblich verdürben! (Die Vögel). „Die Post ist so schlecht mit dem zweiten Ballen umgegangen, daß die Nässe einige Dutzend Exemplare verdorben haben soll" schreibt Schiller (Briefw.) an Goethe.

Die Grammatik hat von dem Wechsel des Sprachgefühls und von dem Stumpfwerden gewisser Unterschiede Act zu nehmen und ihre Paragraphen nach dem Sprachgebrauch zu regeln. Dieser hat sich gegenwärtig für die starke Form von verderben auch in factitivem Sinne entschieden und G. Keller hat Unrecht, dem Herausgeber der „Reden des Labienus" (Rud. v. Raumer) folgenden Satz als fehlerhaft zu notiren:

Es gab ein Dutzend Complotte, ebensoviele Aufstände und das verdirbt eine Regierung.

In gleicher Weise wird zwar „hangen" (intransitiv mit starker Abwandlung) und „hängen" (transitiv und factitiv = hangen machen mit schwacher Conjugation) unterschieden. Doch wie das intransitive „hangen" im Präsens umlautet: du hängst, er hängt: so wird ihm nicht selten auch im Infinitiv der Umlaut zu Theil: Laß das hängen (für „hangen") und es ist sprachüblich geworden zu sagen: Ich hing meine Reisetasche an den Nagel (statt hängte), wie wir sagen: Sie hing am Nagel.

Nachdem er die sämmtlichen Lobgedichte seiner Freunde im Vorzimmer des Buches aufgehangen ꝛc.
(W. H. Riehl, Culturstudien aus 3 Jahrh.)

Der Dieb wird gehangen (statt gehängt = gehenkt). „Mitgefangen, mitgehangen". Er erhing sich (statt er erhängte = erhenkte sich). „Von einem Engländer wird erzählt, er habe sich aufgehangen" ꝛc. (Goethe, Wahrheit und Dichtung). „Die große Aufopferung ward mir reichlich vergolten durch den Anblick der aufgehängten Teppiche" (Goethe's Italien. Reise). Dagegen bei Lessing: „Die mit Teppichen behangenen Wände."

An eine Regel im Gebrauch der einen oder andern Form ist da gar nicht zu denken. Ist man aus dem Dilemma von „hangen" und „hängen" heraus, so tritt wieder ein neues hervor. Das stark conjugirte „hangen" bildet nämlich sein Perfect ebensowohl mit „haben" als mit „sein". „Als sei er am Galgen gehangen" (Seb. Frank, Sprüchw. 1, 25). „So wahr und warm hat noch Niemand an mir gehangen." (Goethe's Götz v. B.)

Um der schleppenden Breite des Ausdrucks zu entgehen, ließ man (im vorigen Jahrhundert mehr als in unserer Zeit) in der Vergangenheitsform von „können", „müssen", „sollen" und auch sonst die Hülfszeitwörter weg. So bei Lessing: „Wahr ist, daß ihm schon Titian gewissermaaßen vorangegangen." „Nun ist unbegreiflich, wie Hieronymus fortfahren und unmittelbar darauf hinzusetzen können." „Als ob die Natur nicht auch die Mittel zweckmäßig hervorbringen müssen!" Aehnlich bei Goethe: „Nachdem ich sodann in Darmstadt Merken seinen Triumph gönnen müssen."

In Verbindung mit einem zweiten Infinitiv behalten „lassen, lernen, fühlen, sehen, hören" ꝛc. ihre Infinitivform auch im Perfect. „Seitdem hab' ich vom Reich ganz anders denken lernen" (Schillers Piccolomini). Doch ist jetzt eine Abneigung sichtbar, zu sagen: Spielen habe ich ihn noch nicht hören. Er hatte sie noch nicht kennen lernen — statt: spielen habe ich ihn noch nicht gehört, ich habe ihn kennen gelernt. Schon bei Goethe finden wir: „Ich hatte sie in einem bewegteren Leben und ein bewegteres Leben durch sie kennen gelernt (Wahrheit und Dichtung). „Ich hatte dich kaum reden gehört und erkannte deine Stimme" (Stella). „Vater Martin, ich habe curiren gelernt" (Bürgergeneral). „Man erzählt von einem unserer trefflichsten Männer, er habe mit Verdruß das Frühjahr wieder aufgrünen gesehen." (Wahrheit und Dichtung.) Es ist kein Grund vorhanden, die Participialform als fehlerhaft zu bezeichnen, wenn auch das an zwei Infinitive gewöhnte Ohr es auffällig findet, wenn es z. B. bei Alfr. Meißner (Schwarzgelb 4, 162) heißt: „Er hatte die schuldige Dankbarkeit nicht verlöschen gefühlt."

Wie neben der Perfectform: „ich habe kennen lernen" auch die andere: „ich habe kennen gelernt" sich geltend macht, so kommt auch bei „lassen" im Sinne von „zurücklassen" das Particip vor, z. B. „Wo habt ihr sie hängen gelassen?" (Goethe). Die gewöhnliche Form ist: Es hat Alles liegen und stehen lassen.

Wo hängen = henken, da kann auch „lassen" nur im Infinitiv stehen. „Der König hat die Aufrührer sammt und sonders hängen lassen."

Unser „lassen" ist außerordentlich vieldeutig. Im Satze: „der Herr läßt den Knecht mähen" kann lassen bedeuten: Er befiehlt, ordnet an, daß der Knecht mäht. Oder auch: er läßt es zu, überläßt dem Knecht die Sache, wie wir sagen: Ich lasse ihn reden, so viel er will! In beiden Fällen sind aber die Knechte activ. Sagen wir: der Herr läßt die Wiese mähen — so bedeutet derselbe Infinitiv das passive: gemäht werden. Wir befinden uns hier auf einem sprachlichen Gebiete, auf welchem sehr viel Ungelenkes, Unbestimmtes und Schwankendes zu finden ist, weil unsere Muttersprache in ihren Infinitiven und Participien kein so scharfes Gepräge gewonnen hat, wie es z. B. im Lateinischen und in den romanischen Sprachen der Fall ist. In unserem: Ich höre ihn singen, fallen ꝛc. drücken die Infinitive eigentlich Participe aus: singend, fallend. Im Nibelungenliede finden wir noch die Participialform: do si den hochgemûten vor ir stende sach (vor ihr stehend sah). Im Englischen hat sich dieß Particip der Dauer nach den Verben „sehen", „hören", „finden" ꝛc. noch behauptet.

Spielt in den berührten Fällen in ein= und derselben Infinitivform Activ und Passiv, Infinitiv und Particip auf ziemlich willkürliche Weise ineinander, so ist das Schillern und die Zweideutigkeit in den beiden Participialformen unseres Verbs (stehend — gestanden) erst recht groß. Das sogenannte Participium Präsentis hat es so wenig ausschließlich mit der „Gegenwart" zu thun, als das Participium Präteriti bloß mit der „Vergangenheit". Man sollte letzteres lieber Participium Perfecti, das Particip der Vollendung, wie ersteres das Particip der Dauer nennen, obschon auch diese Benennung nicht ganz zutreffend ist. Nicht immer hat das Particip der Dauer activen und das Particip der Vollendung passiven Sinn. Die „reitende Post" reitet nicht und die „fahrende Habe" fährt nicht, sie ist fahrbares Gut, das gefahren werden kann. „Gestanden" ist weder activ noch passiv, in Verbindung mit „ich habe" oder „ich bin" wird es erst zur Tempusform für die vollendete Thätigkeit. Aber auch das Particip eines transitiven Zeitworts, „gelesen" z. B., hat nicht bloß passiven Sinn, sondern kann auch zur Bildung des activen Perfects verwandt werden: Ich habe gelesen = ich bin der Lesende gewesen. Das Particip „schlafend" drückt lediglich die in einem bestimmten Zeitpunkte fortdauernde Thätigkeit aus, gleichviel, ob dieser Zeitpunkt in die Vergangenheit, Gegenwart oder Zukunft des Sprechenden fällt. „Ich fand ihn schlafend", „du wirst mich nicht schlafend finden".

Im ersteren Falle liegt das Particip in der Vergangenheit, im anderen in der Zukunft.

Wir können sagen: das nächstens bei Murray erscheinende Werk wird so viel kosten ꝛc., nicht aber das „zu erscheinende". Diese Participialform, gebildet aus dem Infinitiv mit „zu": das ist nicht zu loben — ein nicht zu lobendes Beginnen — hat passive Bedeutung. Ein „erst noch zu schreibendes Werk" ist ein solches, das erst noch geschrieben werden soll, ein „zu lobendes Beginnen" ein solches, das gelobt werden kann. Da aber „erscheinen" ein Intransitiv ist, so läßt sich ein Particip mit „zu" nicht bilden, obwohl man es oft genug trifft.

> Die Ankündigung eines nächstens bei Murray in London zu erscheinenden Werkes von Ch. Darwin ꝛc.
> (O. Mohnike: die insektenfressenden Nepenthes, Westermann's Monatsh. Sept. 1875.)

Am meisten Schwierigkeit macht uns aber das Participium Präsentis in attributiver Anwendung, wo das Zeitwort, von dem es gebildet ist, einen zwischen Activ und Passiv schwankenden, medialen Sinn hat. Eine „stillschweigende Bedingung" ist eine solche, welche stillschweigend gemacht worden ist, dagegen eine „sitzende Lebensart" eine solche, welche zum Sitzen Veranlassung gibt, in vielem Sitzen besteht; eine „schwindelnde Höhe" eine solche, welche schwindeln macht. Diese Participe sind sehr volksthümlich. Ich erinnere mich aus meiner Jugendzeit, wie man in bürgerlichen Kreisen meiner norddeutschen Heimat sich ganz ehrbar eine „wohlschlafende gute Nacht" wünschte, oder sich ärgerlich über Störungen bei „nachtschlafender Zeit" beklagte. Der bayerische Feldwebel spricht von seiner „unterhabenden Mannschaft" (die er unter seinem Befehl hat) und in Nord und Süd kann man von einer „vorhabenden Heirath" hören oder von einer „vorhabenden Reise". Auch bei J. Möser (Patr. Ph. 2, X) ist zu lesen: Sie wissen meine „vorhabende" Heirath. Schiller (Briefw.) schreibt an Goethe: „Gestern mußte ich mich wundern, wie Sie sich nach einer schlechtschlafenden Nacht und unter Wolken von Tabaksrauch noch so ganz gut und bei Humor erhielten". Im „Geisterseher" findet sich noch: „Ich wußte von Ihrer vorhabenden Spazierfahrt auf der Brenta".

Alle diese attributiven Participien sind nicht auf das Substantiv zu beziehen, vor welchem sie stehen, so wenig als die „fallenden Curse" oder das „fallende Weh" besagen wollen, daß der Curs, ein abstracter Begriff etwa wie „Währung", werthvoller oder minder werthvoll wird oder daß ein „Weh" fallen kann. Der Curs besteht im Sinken und Fallen des Werthes der Papiere, Münzsorten ꝛc., das „Weh" oder die „Sucht" in einer Krankheit, welche fallen macht. Die Sprache waltet hier wie anderwärts mit großer Freiheit und legt sich Manches zu praktischem Gebrauch zurecht, ohne zuvor ein Lehrbuch der Logik zu Rath zu ziehen. Auch die eigentlichen Adjectiven werden in solcher elliptischen Weise mit Substantiven verbunden, mit denen sie in keinem **directen** Zusammenhange stehen. Wir sprechen von einem **regelmäßigen** Besuch, **täglichen** Aerger (der regelmäßig, täglich erfolgt), von **trauriger** und **fröhlicher**, **friedlicher** und **kriegerischer** Zeit; in Immermanns „Münchhausen" ist sogar von „robusten Zeiten" die Rede, obwohl die Zeit weder stark noch schwach, weder heiter noch traurig sein kann. In ähnlich abkürzender Weise sind in neuerer Zeit auch Verbindungen beliebt geworden, wie **chemische Briefe, mikroskopische Untersuchungen, botanische Ausflüge** ꝛc. E. Häckel hat sogar eine „natürliche Schöpfungsgeschichte" geschrieben! — welche attributive Zusammenstellung an die baumwollenen Strumpffabrikanten erinnert.

In einem Aufsatz über Ed. Mörike (Gartenl. 29, 1875) schreibt Ad. Rümelin:

Ein landschaftliches Vermissen war es auch, was ihn von Nürtingen hauptsächlich wieder weggetrieben —

soll heißen: das Vermissen landschaftlicher Schönheit oder Reize.

Wie weit der Schriftgebrauch da gehen darf, bleibt eine offene Frage. Wir betrachten es als poetische Schönheit, wenn Elisabeth zu Götz v. Berlichingen im dunkeln Thurm zu Heilbronn sagt:

„In der muthlosen Finsterniß erkenne ich dich nicht mehr".

— in der schlichten Prosa hat das Ding aber doch seine Grenzen und es streift schon an und in's Gebiet des Fehlerhaften, wenn uns Dr. Aug. Brandstäter in seinem schon oben angeführten Werke versichert, daß er „allmählich aus etwa 700 deutschen Schriften eine nur allzu zahlreiche Menge von **fremden Nachahmungen** jeder Art geordnet vorzulegen fand" — soll heißen: von Nachahmungen des Fremden.

Merkwürdig ist das in Form des Participium Präsentis vom Adverb „morgen" gebildete „morgend". „Am morgenden Tage" ist seit Luther in Gebrauch und hat den Vorzug des Wohlklangs vor dem neuerdings mehr bevorzugten „morgig". „Er gab zu erkennen, daß unser morgendes Fest gestört sei". (Goethe, Wahrheit und Dichtung). Im Althochdeutschen ward morganlih (matutinus) und morganig (crastinus) unterschieden; im Mittelalter ging das morgnig in mornig über und noch in Brandts „Narrenschiff" findet sich „der mornig Tag".

Manche Participe werden zu Adverbien und treten auch als Bestimmungswörter vor ein Adjectiv, z. B. ein **bezaubernd** schönes Gemälde. Wie bei allen Adverbien hört die Beugung auf, wird aber, indem man dasselbe Wort wieder wie ein Adjectiv behandelt, incorrecter Weise wieder zugelassen: ein bezauberndes, schönes Gemälde, eine ausgezeichnete scharfsinnige Erklärung (statt eine ausgezeichnet scharfsinnige Erklärung). Oft kommt der Sinn auf eins hinaus: ein energisch kühner Wille ist jedenfalls auch ein energischer Wille; aber es bleibt immer eine Nachlässigkeit, wenn die adverbiale Beziehung des ersten Adjectivs oder Particips übersehen wird.

Was nun das Participium Perfecti betrifft, so ist dieß in noch höherem Grade ein Proteus, als das Participium Präsentis. Es erscheint wie dieses als reines Adjectiv: eine vertraute Freundin, besonnene Handlung ꝛc. und gewinnt wieder eine ganz eigenthümliche adverbiale Bedeutung nach „kommen" bei Verben, die eine Bewegung oder hörbare Handlung bezeichnen. „Er kommt geritten, gesprungen, gesungen" ꝛc. = er ist reitend, springend. Von einer vollendeten Handlung kann da vollends keine Rede sein. Im Lessing'schen Lustspiel „der Jude" findet sich noch: Christoph kommt gelacht! Wir treffen ferner auf Participialformen, wie „beritten" (ein berittener Waldhüter), ein erfahrener Mann, ein gelernter Zimmermann ꝛc. bei denen von allem passiven Sinn zu abstrahiren ist. Ein „erfahrener Mann" ist ein solcher, der viel erfahren hat, ein „ausgedienter Soldat" ist ein solcher, der ausgedient hat. Dagegen verweigert die Sprache wieder den meisten mit „haben" construirten Verben, ihr Particip der Vollendung in diesem attributiven Sinn vor ein Substantiv zu setzen; sie gestattet zu sagen: ein verlebter Greis, aber nicht ein „gelebter" Mensch, eine verschlafene Stunde, aber nicht eine „geschlafene" Stunde, ein ungebetener Gast, aber nicht „ein ungebeteter" Knabe (der nicht gebetet hat). Wohl aber in adverbialer und prädicativer Stellung: Gewaschen, gegessen, gefrühstückt, — Ungebetet, ungebeichtet, ungefrühstückt, ungegessen, für: nicht gebetet habend, welche schwerfällige Form vermieden wird.

Gut gesessen ist halb gegessen.
(Goethe, Was wir bringen.)

— gegessen ist da nicht passiv = verzehrt, sondern activ = gegessen habend.

„Und wenn ich sie ungegessen von mir ließe gehen."
(ältere Form: ungessen) Marc. 8, 3.

— jedoch der biedre Vater spricht:
Fritz, ungebetet ißt man nicht!
(K. Gerok, des deutschen Knaben Tischgebet.)

Nur die mit „Sein" construirten Verben lassen die attributive Verwendung des zweiten Particips zu, gleichviel ob dasselbe von Intransitiven oder dem Passiv der Transitiven herrührt. Das „gelesene Buch" ist ein solches, das gelesen worden ist, der „gefallene Schnee" der Schnee, welcher gefallen ist. Präparirte Froschschenkel sind solche, welche präparirt worden sind. In einem Aufsatze der „Gegenwart" von P. Lindau (1875, 5) — „ein Fürwort für ein Fürwort" — spricht K. Gutzkow von „unpräparirten Tertianern" als von solchen, die sich nicht präparirt haben. Von „erholten Kranken" zu reden ist nur insofern erlaubt, als die Form „er ist erholt" noch zulässig erscheint. Bei unseren Classikern findet sie sich noch. Goethe (Gutmann und Gutweib): Bin kaum erholt und halb erwarmt. Schiller (Briefw.) an Goethe: Ich fand ihn schon sehr erholt. Dagegen aber müssen wir von Industrie=Ausstellungen sagen, daß sie sich überlebt haben, von Druckfehlern, daß sie sich eingeschlichen haben, und so sind Sätze wie die folgenden nicht correct:

Hoffentlich ist es unseren Betrachtungen gelungen, zu beweisen, daß Ausstellungen keineswegs überlebt und erschöpft sind.
(Dr. Neumann über die Wiener Weltausstellung, Ausl. 1874, 11.)

Wie willkürlich, nachlässig und auf's gerathewohl auch die deutsche Sprachbildung verfahren, sieht man ebenfalls aus vielen Beispielen fremder in's Deutsche eingeschlichener Ausdrücke.
(Dr. K. J. Klement über die deutsche Rechtschreibung, Archiv von Herrig und Viehoff, VII.)

Die Redaction dieses Werkes ist aus Mangel an Zeit und passenden Arbeitskräften verhindert worden, dasselbe einer abermaligen genauen Durchsicht zu unterwerfen, um die sich hier und da eingeschlichenen Druckfehler zu berichtigen.
(Das Kaiserthum Brasilien im Jahr 1873 — Rio de Janeiro 1874.)

Der Sprachgebrauch gestattet, von einer „zugemessenen", knapp „bemessenen" Zeit zu reden, aber nicht von einer „mit den Jahren zugenommenen Herzenskälte". (Gutzkow, Söhne Pestalozzi's 2, 394); von abgenommenem Obste, aber nicht vom abgenommenen Monde, weil dieser nicht abgenommen ist, sondern abgenommen hat. Es ist gestattet, von einer „vorgenommenen Maske" zu reden, aber nicht von einer „vorgenommenen Reise". „Ich brachte unterdessen meine Zeit bei Merck zu, welcher meine vorgenommene Reise mephistophelisch querblickend ansah" (Goethe, Wahrheit und Dichtung).

Noch bedenklicher und dem Sprachgesetz widerstrebender wird die Hinzufügung eines Objectes im Dativ oder Accusativ, oder überhaupt eines Terminativs, wie: das „den Grafen befallene Unglück" (Goethe), „dazwischen gehen die eigenen mit sich getragenen Gedanken ungestört fort" (Jac. Grimm). Gutzkow, der zu diesen Verbindungen hinneigt, schreibt (Rückblicke auf m. L.) „der Kaufmann, der dem **ihm** erzürnten Könige gerade gegenüber wohnte" — hier ist nur der Dativ „ihm" zu beanstanden, im Uebrigen die Zusammenstellung: „dem über ihn erzürnten König" nicht anzufechten.

Sehen wir uns nun die Participe im prädicativen Satzverhältnisse an; zuerst das Participium Präsentis. Da zeigt sich zuvörderst ein Streben, dasselbe als Ersatz für einen Relativ- oder Temporal-Nebensatz zu gebrauchen. Z. B.

> Das große und vorzügliche Gemälde des Orpheus, bei der Auffindung in seltener Farbenschönheit **strahlend**, hat durch Wind und Wetter so gelitten, daß es nur ein Schatten von ehedem ist. (Dr. R. Schöner, Pompeji. — Beil. d. A. A. Z. 189, 1875.)

Es muß heißen: das bei der Auffindung in seltener Farbenschönheit **strahlte**. Ein Anderes wäre es gewesen, wenn der Verfasser zu berichten gehabt hätte, daß das Gemälde noch frisch gewesen: das Gemälde, in voller Frische strahlend, ging zu Grunde.

Wir finden namentlich in Nekrologen bei Anführung der letzten Lebensmomente oft die Wendung: Vormittags seine Vorlesung haltend, — oder: seinen gewohnten Spaziergang machend, traf ihn Nachmittags 4 Uhr der erste Schlaganfall (statt: nachdem er Vormittags noch seine Vorlesung gehalten ec.).

Eben dieß „nachdem" wird durch das Particip keineswegs ersetzt in folgendem Satze von Jac. Grimm (Kl. Schriften, I):

> So mußte, Poesie und Geschichte sich **auseinanderscheidend** die alte Poesie unter das gemeine Volk flüchten.

Die Scheidung von Poesie und Geschichte ging vorher und dient nun als Zeitbestimmung für das Prädicat des Hauptsatzes: mußte flüchten. Das gibt nun, da „die alte Poesie" das Scheiden nicht bewirkte, etwas Unfestes, Schillerndes, dem wir nur dadurch entgehen, daß wir in althergebrachter Weise sagen: So mußte, nachdem Poesie und Geschichte sich von einander geschieden, die alte Poesie unter das gemeine Volk flüchten. So schätzbar die participiale Kürze ist, so darf sie doch nicht aus dem festen Satzgefüge herausfallen oder gar zur Zweideutigkeit führen, wie in folgendem Satze aus Chr. Niemeyers „Heldenbuch" (Leipzig 1845).

> Während er (Napoleon) Ney links ab gegen Wellingtons Vortrab sandte, stürzte er selbst, seinen getreuen Soult zur Seite, mit der ganzen Gewicht seiner Hauptmacht auf denselben rechten Preußenflügel, den nun Ney bald von hinten fassen würde, von vornher und richtete den Sturmlauf des dritten Heerhaufens unter Vandamme — **racheglühend** wegen Kulm — besonders gegen den Stützpunkt ec.

Wer war racheglühend? Aus der Geschichte wissen wir, daß es Vandamme war; aus dem Bau des Satzes, insbesondere aus der Stellung des Particips erfahren wir es nicht.

Die Versuche, unser zweites Particip nach Art des Lateinischen und Französischen in absoluter Weise zu behandeln, werden noch häufiger unternommen, laufen aber meistens noch unglücklicher ab und führen oft zu komischen, barocken, oft auch völlig sinnlosen Constructionen. Eine Anzeige im Schwäb. Merkur (31. Mai 1870) will die Wirthschaft auf dem Pfänderberge bei Bregenz empfehlen —

> Hat im Hinaufgehen der Blick auf den Spiegel des Sees, auf Ausschnitte des Rheinthals, hinab nach Bregenz und auf das Gelände seiner Umgebung interessirt, so nimmt das Bild, welches oben angekommen sich aufrollt, durch seinen Zauber gefangen.

Dieß „oben angekommen" wäre nur statthaft, wenn das „Bild" die Wanderung auf den Pfänder unternommen hätte.

> Heute tummelt sich in der Villa schon am frühen Morgen ein reges Leben —: es ist der Geburtstag Hildegards, der wichtige Tag, an welchem sie die Schwelle des achtzehnten Lebensjahres betritt.
>
> Mit vollen siebenzehn Sommern den Scheitel belastet und ein frisches Herz in der Brust — wie schweift da der Blick hinaus in die dämmernde Ferne, wo den Horizont goldige Morgenwölkchen verdecken.   (Gisbert Vincke: Drei Morgenstunden.)

Das Subject des letzteren Satzes ist „der Blick", der aber keineswegs einen mit siebenzehn Sommern belasteten Scheitel hat. Ebenso ist im folgenden Satze der das Commandowort gegeben hat und der zum Dreinschlagen bereit ist, keineswegs dieselbe Person.

> Das Commandowort zum Dreinschlagen gegeben würde er ohne Zweifel wie ein tapferer Preuße dreingeschlagen haben. (Ch. Sealsfield [Postel]: Süden und Norden.)

Wir müssen gut deutsch sagen: Auf ein gegebenes Commandowort — oder: Wäre ein Commandowort zum Dreinschlagen erlassen, so würde er ɛc.

In Spielhagens: „In Reih und Glied" wird von Leo und Tusky erzählt: „Kaum aus der Hütte getreten, nahm sie ein Hohlweg auf". Grammatisch müßte das „kaum aus der Hütte getreten" auf das Subject des Satzes: der Hohlweg, bezogen werden. Da aber das Particip auf ein ganz anderes Subject — das im Satze Object ist — sich bezieht, so ist seine Stellung überhaupt zu tadeln.

Viel eher statthaft, doch auch nicht ganz correct, ist die Participialform, wenn sie — sei es nun direct oder indirect — sich auf das Subject des Hauptsatzes bezieht. Z. B.:

> „Schnell den Schleier vorgezogen
> Steht das Töchterchen in Thränen".
> (Ed. Mörike, Tag und Nacht.)

Eine Verbindung des Participium Präteriti mit „habend" wie im Französischen ist im Deutschen nicht möglich; „schnell den Schleier vorgezogen habend" ist zu schleppend und so bleibt das „vorgezogen" schwankend zwischen Activ und Passiv und ohne Endung, die auf das Subject deuten könnte, als eine in die deutsche Satzfügung nicht recht passende Form stehen.

Dagegen fällt alles Schillern fort und ist deßhalb der Gebrauch des Particips zu gestatten in Verbindungen, wie folgende:

> Diesen Punkt von der historischen Wahrheit abgerechnet bin ich sehr bereit, das übrige Urtheil des Herrn v. Voltaire zu unterschreiben. (Lessings Hamb. Dramat. XXIV. Stück.)

Das Particip „abgerechnet" steht da elliptisch und will sagen: „Nachdem ich diesen Punkt in Abrechnung gebracht habe" oder: „Wenn ich diesen Punkt abrechne". Auch allgemeine Redensarten, wie: „dieß vorausgesetzt" (unter dieser Voraussetzung), „dieß angenommen" (unter dieser Annahme) „Alles in Allem genommen" sind unverfänglich, so lange sie nur adverbiale Bestimmungen des Prädicats im Hauptsatze bleiben. So schließt Lessing seine Abhandlung „vom Alter der Oelmalerei":

> Dieses angenommen, könnte es denn auch gar wohl möglich sein, daß Johann van Eyck an seiner Erfindung verschiedene Jahre ein ihm eigenes Geheimniß gehabt habe.

und der letzte Absatz beginnt ebenso:

> Dieses angenommen, würden sich endlich auch die Ansprüche vergleichen lassen zc.

Doch können wir auch die Participialconstruction recht wohl entbehren und wie leicht sie substantivisch zu ersetzen ist, haben wir in obigen Zeilen bereits angedeutet.

Noch sei hier einiger Freiheiten gedacht, welche sich die neuere Sprache im Gebrauch des Passivs nicht transitiver Zeitwörter, sowie in der Construction „gefolgt von" erlaubt.

> „Da sitze ich nun !mit meinem Kornvorrath, ohne von einem sterblichen Menschen beklagt oder geholfen zu werden"

schreibt J. Möser in seinen Patr. Phant. (2, 56). Da „helfen" den Dativ regiert, so ist zu sagen: Mir wird geholfen, nicht: Ich werde geholfen. Es soll aber im vorliegenden Falle nur im Allgemeinen das Verlassensein, die Hülflosigkeit hervorgehoben werden und der passivische Infinitiv gewinnt da, wie der active so oft, substantivische Bedeutung. „Da sitze ich ohne Hülfe." „Man muß vorausgehn, wenn man gefolgt sein will" heißt es a. a. O. 4, 104. „Der Graf Thorane war geschmeichelt von der Mühe, welche die Hausfrau sich gab" (Goethe, W. u. D.)

„Verfassungen, wie meine, wollen geschmeichelt sein" (Schiller, Don Carlos). Und der Wandsbecker Bote singt:

> Ich danke Gott mit Saitenspiel,
> Daß ich kein König worden,
> Ich wär' geschmeichelt worden viel
> Und wär' gewiß verdorben.

Verbindungen, wie: „Er fand sich geschmeichelt" „Ich fühle mich geschmeichelt" sind seit Lessing ganz gang und gäbe und werden ebenso unbedenklich angewandt wie die passivische Form von Transitiven: Er fand sich geehrt. Prinz Albert schreibt über den Besuch der englischen Königsfamilie bei Louis Philipp in Eu: „Die Franzosen waren geschmeichelt und erfreut und bedauerten nur, uns nicht in Paris zu sehen." (Vgl. „Kaiser Nikolaus in London" von Em. Lehmann. — Paul Lindau's Gegenw. 1875, 40.) Dieser ausgedehnte Gebrauch passivischer Formen — ich rechne dahin auch die attributive Verwendung des Particips „gefolgt" in Stellen wie: „Unser darauf gefolgtes Geschlecht hat schwerere und größere Tage gesehen" von Jac. Grimm in der Schiller-Rede) — ist nicht bloß durch Nachäffung des Französischen entstanden, sondern durch die Analogie ähnlicher Formen transitiver Verben, ganz so, wie die Construction: „der Hirsch, verfolgt von den Hunden" auch auf das Particip des nicht transitiven „folgen" zurückgewirkt hat: Der König, gefolgt von seinem Hofstaat. Unsere neuhochdeutsche Sprache, die auch von einem Gefolge redet, hat neben das „begleitet von" noch das „gefolgt von" gestellt, weil ihr diese Form völlig mundrecht und sehr bequem war für Verhältnisse, die sowohl die „Begleitung" als auch die zeitliche Aufeinanderfolge oder auch die Rangordnung bezeichnen sollen. Mag immerhin das französische suivi de zum Aufkommen unseres „gefolgt von" mitgewirkt haben, eine bloße „Nachäffung" des Französischen wie Herm. Lessing (Daheim und Draußen, S. 247) meint, ist letzteres darum doch nicht, wie sogar H. Lessing selber beweisen muß, indem er dem unbewußten Drange seines Sprachgefühles folgend, gleichfalls in praxi diese Construction (Torso, 138) anwendet, die er theoretisch bekämpft.

Schon der junge Goethe sang frisch, fromm und frei in seiner „Höllenfahrt Christi"

> Welch ungewöhnliches Getümmel!
> Ein Jauchzen tönet durch den Himmel,
> Ein großes Heer zieht herrlich fort.
> Gefolgt von tausend Millionen
> Steigt Gottes Sohn von seinen Thronen 2c.

Klopstock im „Messias" (XIV, 165): ein römischer Hauptmann, gefolgt von der Wache. Schiller (Wallensteins Tod, III) — nicht als geehrter Bundesgenosse gefolgt von eines

Heeres Macht ꝛc. Wem hätte sich nicht die prachtvolle Stelle aus der Braut von Messina in's Gedächtniß geprägt: Durch die Straßen der Stadt vom Jammer gefolget schreitet das Unglück, — und wer hätte diese Construction als **undeutsch** empfunden? Ich spreche hier von der Unmittelbarkeit unseres Sprachgefühls, wie es in denen waltet, die nicht nach dem Paragraphen der Grammatik sich die Sprache zurecht legen. Gewiß, das Sprachgefühl muß, um nicht maßloser Willkür zu verfallen, sich mit der wissenschaftlichen Reflexion verbinden; aber diese bedarf ebensosehr des Bundes mit dem nicht reflectirenden Gefühl, wenn sie nicht in starre Dogmatik verfallen will. Unsere besten Stylisten, ein Varnhagen v. Ense, D. Strauß, H. Riehl, G. Freytag ꝛc. haben sich diese Form angeeignet. Darob sich zu ereifern und Zeter zu schreien, wie es A. Brandstäter thut, der die Aufnahme gedachter Construction „eine widerliche Epidemie" nennt, oder wie G. Wustmann, der, jenen noch über= bietend, sie als eine „abscheuliche Schluderei" verdammt*): das heißt doch wohl, die schulmeisterliche Pedanterie zu weit treiben. Die Sprache ist denn doch nicht um der Grammatik willen da, sondern umgekehrt: die Grammatik hat sich nach der Sprache zu richten und das zu achten, was im Laufe der Zeit sich verändert, neu gestaltet, bei unseren besten Autoren sich Geltung errungen hat, und — ich lege darauf besonderen Nachdruck — auch von dem nicht französisch oder lateinisch geschulten Leser als deutsch empfunden wird.

Es gibt Ausdrücke und Wendungen, die dem Volke immer fremd bleiben werden, auch wenn sie von allen Romanschreibern und Dichtern gebraucht würden. So z. B. das Goethe'sche: Und als er kam zu sterben. Oder: das Mädchen geht zu kommen (s. Amor als Landschaftsmaler). Wir lieben nicht nachzudenken (st. wir denken nicht gern nach), oder das in unseren Romanen bis zum Ueberdruß gebrauchte: Was wollen Sie? (st. Was denken Sie nur? volksthümlich: wo denkst du hin!) Man darf aber nicht Alles in Einen Topf werfen und z. B. die Form: Was hast du? was mag sie nur haben? ebenso undeutsch finden wie das: Was wollen Sie? Auf letzteren Galli= cismus können wir nicht deutsch antworten: Ich will ..., wohl aber auf die Frage: Was hast du? Ich habe Kopfweh, ich habe Aerger, Verdruß gehabt! In Schillers Wallenstein fragt Illo: Was habt Ihr? Terzky: Ein Geheimniß! Was habt Ihr miteinander gehabt? (Der Fragende vermuthet „Streit"). — Selbstverständlich geht die Frage: Was hast du? nicht immer

---

*) Streiflichter auf die fortwährende Verunstaltung der deutschen Sprache in der Allgemeinen Schulzeitung von Stoy 1874, 15—19.

auf ein bestimmtes Object; sie liegt jedoch ganz im Geiste unserer Muttersprache. Ist denn das Alles undeutsch, oder minder gut, weil die Franzosen auch sagen: Qu'avez-vous donc? Wir haben noch ähnliche Wendungen: Was fehlt dir? und bei wichtigeren Anlässen: Was ist dir?

> La Hire:
> Was ist der Jungfrau? Sie erbleicht, sie sinkt!
> (Schillers Jungfrau von Orleans.)

Aber nicht in jedem Falle kann die eine Wendung die andere ersetzen und darum wollen wir uns des Reichthums freuen und nicht wegen manches zweifelhaften Erwerbs, den uns die Fremde gebracht, auch das wohlerworbene Eigenthum schmähen oder gar fortwerfen.

4.

Ueber den Gebrauch der Zeiten und Aussageformen des Zeitworts möchte ich hier Folgendes bemerken.

Unser historisches Tempus ist das Imperfect, das, wie schon der Name andeutet, nicht die abgeschlossene Handlung, die vollendete Thatsache, sondern die (vergangene) Thätigkeit, den (vergangenen) Zustand als fortdauernd gedacht zum Ausdruck bringt. Das Imperfect ist also die Zeitform der Beschreibung und Schilderung vergangener Thätigkeiten und Zustände. Insofern es uns in deren Gegenwart versetzt, ist es (vom ästhetischen Standpunkte betrachtet) auch vorzugsweise geeignet, das historische Tempus zu bilden, das einzelne Momente aus der Vergangenheit hervorhebt, um sie in ihrer lebendigen Beziehung und Wechselwirkung darzustellen.

Ich begegne einem verwundeten Officier und frage ihn: Wo haben Sie Ihre Wunde erhalten? und er antwortet mir: Ich erhielt sie bei Belfort, als ich eben das Pferd besteigen wollte. Unsere Einbildungskraft führt uns aus der Gegenwart des Sprechenden in jene vergangene Zeit, da Belfort belagert wurde. Wir denken uns die Scene, wo die Kugel geflogen kommt und den im Bügel stehenden Officier trifft. Der Antwortende vergegenwärtigt sich und dem Zuhörer den Augenblick des Geschehens. Will er, die Frage beantwortend, nur das Factum als solches näher durch den Ort bestimmen, so sagt er einfach: „Bei Belfort", elliptisch für: ich habe die Wunde bei Belfort erhalten. Er läßt auf das Perfect des Fragenden auch seinerseits das Perfect folgen. Dieß ist die beziehungslose absolute, von gleichzeitigen Begebenheiten und Zuständen abstrahirende Zeit. Wer aber bei einer Begebenheit zugegen, an einer Thatsache selber betheiligt war, sie selber mitmachte, dem steht das einzelne Factum immer im Zusammenhang mit vielen anderen Umständen und Thatsachen vor der Seele, auch wenn er nicht näher auf dieselben eingeht oder derselben Erwähnung thut. Und so würde auch mancher andere Kriegsmann, der bei Belfort gekämpft und eine Wunde davon getragen hätte, auch wenn er die Nebenumstände nicht erwähnt, auf unsere Frage antworten: Ich erhielt sie bei Belfort!

Es ist nicht bloße Willkür oder mundartliche Abweichung, wenn wir Jemand fragen: Wo waren Sie gestern? Oder: Wo sind Sie gestern gewesen? Im ersteren Fall versetzen wir uns in die Zeit des Anderen, in dessen Thun und Treiben; im anderen Falle messen wir des Anderen Erlebniß bloß nach unserer, des Sprechenden, Gegenwart, wir wollen nur den Ort, nicht die Scene wissen. Die erste Frage fordert zum Erzählen, Beschreiben Schildern auf; die zweite will nur kurzen Bescheid haben, etwa nur den Namen der Oertlichkeit wissen.

„Wo warst du eben mit deinen Gedanken?" frage ich den Zerstreuten, Geistesabwesenden, indem ich mich in dessen Gedankenwelt versetze oder versetzen möchte. Selbst der kürzeste Bericht, insofern er uns eine Thatsache vergegenwärtigen, d. h. in deren Gegenwart uns versetzen will, bedient sich des Imperfects.

Für den Lateiner ist das Perfect die historische Zeitform; die griechische Sprache hat ihren Aorist und die französische ihr défini; wir haben keine abgesonderte Erzählungsform. Die oberdeutschen Mundarten gebrauchen das Perfect für die Erzählung (es isch amôl a man gsi = es war einmal ein Mann) und die hochdeutsche Sprache ist hinwiederum geneigt, das Imperfect auch als absolute Zeitform anstatt des Perfects zu verwenden. Wegen dieser verschiedenen Functionen, die das Imperfect zu erfüllen hat, tritt oft ein Schwanken im Gebrauch desselben ein und es ist schwierig, eine genaue Grenzlinie zwischen dieser Zeitform und dem Perfect zu ziehen.

Wir finden in Verkaufsanzeigen häufig: Ich stelle mein Haus, das ich vor zwei Jahren ganz neu erbaute, zum Verkauf. Da hier das „Erbauen" nicht zu beschreiben oder zu schildern ist, sondern nur als einfache Thatsache angeführt werden soll, um die Neuheit des Hauses darzuthun, so wäre richtiger zu sagen: Mein Haus, das ich vor zwei Jahren erbaut habe („ganz neu" ist völlig überflüssig), oder kürzer: Ich stelle mein neuerbautes Haus zum Verkauf.

Keller tadelt in seinem oben angeführten „Antibarbarus" mit Recht das Imperfect in folgendem Satze:

Eine ungeheure majestätische Gebirgswelt öffnet sich hier den Blicken. Eine interessante ausführliche Beschreibung der Rundsicht vom Säntis arbeitete Herr Mechaniker Zuber aus; sie erstreckt sich weit über Vorarlberg, Tirol und viele Kantone der Schweiz. (Dr. Schnar's, der Bodensee ꝛc. S. 139 der 1. Aufl.)

Hier kommt es durchaus nicht darauf an, den Leser in die Thätigkeit des arbeitenden Mechanikers zu versetzen, sondern es handelt sich nur um die Notiz, daß die von Zuber gearbeitete „Rundsicht" zu haben ist, daß sie der Mann **gearbeitet hat.** Dagegen wird die Sache sehr zweifelhaft in folgendem Satze:

> Wer einmal in dieses Blüthenmeer **hinunterschaute,** wer die Ueppigkeit dieses Landstrichs in allen seinen Ernten **beobachtete,** der wird sein Lebenlang an behagliches Wohlsein, Heiterkeit und Sonnenschein denken, so oft der Name „Thurgau" sein Ohr berührt. (Schnars, a. a. O.)

— hier kommt schon eine Art Schilderung, der Schreibende erzählt aus eigener Anschauung und versetzt sich, in der Erinnerung genießend, in jene Zeit zurück, als er im Anblick des Blüthenmeers schwelgte. Gisbert Vincke beginnt seine schon oben angeführte Novellette: „Drei Morgenstunden":

> Wer in Mainz an einem sonnigen Tage den Dampfer statt der Eisenbahn **wählte** und behaglich genießend den Rhein **herabschwamm,** dem **fiel** sicherlich die Paulina in's Auge, denn sie zählt zu den Perlen des schmuckreichen Rheingaues.

Ebenso können wir dem Imperfect eine gewisse Berechtigung nicht absprechen in folgenden Goethe'schen Sätzen:

> Vor wenig Tagen traf ich einen jungen B.... an, einen offenen Jungen mit einer gar glücklichen Gesichtsbildung. Er kommt erst von Akademieen, dünkt sich eben nicht weise, aber glaubt doch, er wisse mehr, als andere. Auch **war er fleißig,** wie ich an allerlei spüre; kurz, er hat hübsche Kenntnisse. (Werthers L.)

Es sollte heißen: auch ist er fleißig **gewesen,** wie ich an allerlei spüre. Da jedoch der Fleiß eine längere Dauer verlangt, wenn man ihn rühmen soll, so liegt die Versuchung nahe, die Zeitform für die dauernde Vergangenheit zu wählen. Als Parallele diene der folgende Satz:

> Neapel habe ich nach seiner eigenen Art behandelt: ich **war** nichts weniger als fleißig, doch habe ich viel gesehen und mir einen Begriff ꝛc. von dem Lande gebildet. (Goethe's Ital. Reise.)

Man beachte den schönen, auch grammatisch berechtigten Wechsel des Präsens, Perfects und Imperfects in folgender Periode:

> Ach, daß die Freundin meiner Jugend dahin ist! ach, daß ich sie **gekannt habe!** — Ich würde sagen: Du bist ein Thor, du **suchst,** was hienieden nicht zu finden ist. Aber ich **habe** sie **gehabt,** ich **habe** das Herz **gefühlt,** die große Seele, in deren Gegenwart ich mir **schien** mehr zu sein, als ich **war,** weil ich alles **war,** was ich sein **konnte.** Guter Gott! **Blieb** da eine einzige Kraft meiner Seele ungenützt? ꝛc. (Goethe's W. L.)

Werther lebt und webt da mit seinen Gedanken in jener

vergangenen Zeit, wo er die Nähe des geliebten Wesens, die Steigerung seiner Kräfte, die Erhöhung seines Ich's als lebendige Gegenwart empfand und der Dichter mußte da das Imperfect setzen. „Ich besaß es doch einmal, was so köstlich ist." In gebundener Rede setzen die Dichter mit Vorliebe das Imperfect für das Perfect, weil sie nicht bloß das abgeschlossene Factum registriren, sondern auf die Phantasie wirken und durch dieselbe den Leser oder Hörer in die Gegenwart der Handlung, in den dauernden Zustand versetzen wollen. G. Keller tadelt aus den Gedichten König Ludwigs von Bayern u. a. folgendes Imperfect:

> Ach, das Glück, so lang wir's auch **besaßen**,
> Zeigt sich erst in seinem ganzen Werth,
> Wenn dasselbe endlich uns verlassen ꝛc.

Wenn ich aber alle die Verse und Strophen, in welchen unsere Dichter, geistliche und weltliche, in dieser Weise das Imperfect gebraucht haben und fort und fort gebrauchen, aufzeichnen wollte, dann müßte ich das voluminöse Buch auf mindestens zwei Theile berechnen. Schon das hätte den Verfasser des „Antibarbarus" stutzig machen sollen, daß auch in vielen Kirchenliedern dieses Imperfect vorkommt — er meint, solche Beispiele müsse man nach dem Gebrauch früherer Jahrhunderte beurtheilen. Was aber durch mehrere Jahrhunderte in Gebrauch war, ist doch sicherlich dem Sprachgeiste des Volkes nicht unangemessen. Ich will aber hier nur einige Stellen aus neueren Dichtern mittheilen, zum Belege, wie das Imperfect auch als absolute Zeit behandelt wird und im Gebrauch ist:

> Ich will nicht eher meine Sterne loben, bis ich das Ende dieser Thaten **sah**. (Schiller, die Braut von Messina.)

> Das Kloster nenne mir, das sie **verbarg**. (Ebendas.)

> Willst du nach den Nachtigallen fragen,
> Die mit seelenvoller Melodie
> Dich **entzückten** in des Lenzes Tagen?
> Nur so lang sie liebten, waren sie.
> (Thekla, eine Geisterstimme.)

> Und doch ist, was er von sich strahlet
> Noch schöner, als was er **empfing**. (Das Auge.)

> Jetzt im Nest ist Feier, ihm **entlief** die Brut.
> (Rückerts Erntelied.)

In einem Ghasel bringt R. beide Zeitformen:

> Sahst du, o Herz, hast du's gesehn, wie auf den Fluren heute
> Rosen, die er gestern gepflanzt, Frühling im Winde **verstreute**?

Von L. Uhland:

> Keine ewig helle That
> Hebt dich aus der Nacht der Grüfte;
> Niemand **sah** des Donners Pfad
> Noch den Fittich sanfter Lüfte.

Schon der sprachgewandte Klopstock mußte auf den Index kommen, denn er schrieb im Widerspruch mit §§ 86 und 87 von Kehreins Syntax und von § 132 von Schötensacks Grammatik der neuhochdeutschen Sprache II:

> Unser Aller Verhängniß schrieb auf eherne Tafeln der Allmächtige und schwieg!

Und vollends der humoristische J. Kerner, der im „llexographischen Gesellschaftsspiel" folgenden launigen Trinkspruch improvisirte:

> Aus Dintenflecken, ganz gering,
> Entstand der schöne Schmetterling.
> Zu solcher Wandlung Gott empfehle
> Ich meine fleckenvolle Seele.

Ja, schließlich auch K. G. Keller, der Verf. des „Antibarbarus" selber. Im Vorwort zu seiner Broschüre schreibt er, nachdem er eine Stelle des Marcellus Pomponius angeführt (Tu, Caesar, civitatem dare potes hominibus, verbis non potes) —: was diejenigen, denen die Realschule Pflegemutter war, lieber werden in der Uebersetzung des Jules Janin lesen wollen 2c.

Auch zwischen Perfect und Plusquamperfect tritt mitunter ein Schwanken ein und jenes wird gesetzt, wo dieses stehen sollte. So heißt es z. B. in den „Erinnerungen aus Metz" von Karl Stieler (A. A. Z. 1875, Beil. 166):

> Das ist das bestimmende Gefühl, womit wir an das alte Germanien denken und doch gab es schon damals, mitten in dieser Wildniß, jene Oasen verfeinerter Cultur, die der römische Geist aus dem Dickicht der Wälder gleichsam herausgelichtet und mit allen Schätzen römischer Pracht überhäuft hat.

Es sollte „hatte" heißen. Schon damals hatte der „römische Geist" die Oasen gelichtet; dem Imperfect (gab) muß das Plusquamperfect entsprechen. Zwar ließe sich für den Gebrauch des Perfects der Grund anführen, daß hier im Allgemeinen der civilisatorische Geist des Römerthums hervorgehoben werden soll. Unsere Vorstellung wird aber schon durch das „damals" in einen Zeitpunkt versetzt, vor welchem jener Geist sich bereits thätig erwiesen hatte. Wohl aber, falls der Verf. die verfeinernde Civilisation der Römer als fortdauernd darstellen wollte, hätte gesagt werden können:

> ... es gab schon damals Oasen, welche der römische Geist aus dem Dickicht der Wälder gleichsam herauslichtete und mit allen Schätzen römischer Pracht überhäufte.

Im Fluß der Erzählung darf vollends nicht das Perfect an die Stelle des Plusquamperfects treten, wenn der Nebensatz eine in Bezug auf das Imperfect des Hauptsatzes vergangene

Handlung, Thätigkeit oder einen vergangenen Zustand auszu=
drücken hat. z. B.:

> Ich ging über die Brücke nach St. Maurice zurück, suchte
> noch vorher einen Gesichtspunkt, den ich bei Hubern gezeichnet
> gesehen habe (st. hatte), und auch ungefähr fand.
> (Goethe, Briefe aus der Schweiz.)

Gleich fehlerhaft setzt sich in folgendem Satze das Perfect
an die Stelle des Imperfects:

> Dem Jüngling unserer Tage ist es kaum mehr möglich, sich in
> das Entzücken hineinzudenken, mit welchem, als wir jung ge-
> wesen sind, uns die Dichtungen eines Klopstock, eines Fouqué,
> eines Jean Paul erfüllten.
> (Fanny Lewald, über das Alter —
> Deutsche Rundschau 1875, 10.)

Hier ist das Entzücken und das Jungsein gleichzeitig; während
das eine dauerte, fand das andere statt. Es muß darum heißen:
als wir jung waren.

Dagegen ist wieder das Imperfect in folgendem, der
Schilderung der Reise des Kaisers Wilhelm nach Mailand (A.
A. Z. 22. Oct. 1875) entnommenen Satze nicht zu loben:

> „Nachdem der Kaiser die dort aufgestellte Ehrencompagnie
> besichtigte, fuhr der kaiserliche Zug weiter."

Es muß heißen: Nachdem der Kaiser die 2c. Ehrencompagnie
besichtigt hatte, fuhr 2c.

In lebhafter Erzählung wird, um die Frische der Dar=
stellung zu erhöhen, oft vom Imperfect in's Präsens übergesprungen;
so erlaubt dieses stylistische Mittel ist, so darf es doch nicht in
ein willkürliches Hin= und Herspringen ausarten, dem wir nur
zu oft begegnen.

> Und wie groß wird nun erst das Erstaunen, als nun ohne
> Unterbrechung Zug auf Zug ein solches heißhungriges Schlangen-
> thierchen, manchmal zwei, einmal sogar drei auf Ein Mal von
> mir aus der Tiefe herausgeholt wurden, als nach Verlauf von
> zwanzig Minuten mehr als vierzig kleinere und größere Aale in
> dem Behälter sich winden.
> (Skizzen aus der Normandie. Ausl. 1874, 11.)

Noch mehr wird im Gebrauch der abhängigen Redeweise
gefehlt und theils wegen stylistischer Unbeholfenheit, theils
aber auch in stylistischer Willkürlichkeit und Nonchalance Tempus
und Modus zugleich verwechselt und bunt vermischt.

Unsere Volksdialekte sind im Gebrauch des Conjunctivs und
Conditionalis wenig geübt, ja sie wählen den Indicativ des Im=

perfects geradezu für den Conjunctiv derselben Zeit. Ein bayersches Volkslied, „Das Jägerlied", beginnt z. B.:

> Ich wollt', daß ich ein Jäger war
> Und trug ein grünes Kleid ꝛc.*)

Wir finden das naiv, naturwüchsig und nehmen keinen Anstoß daran. Was aber dem Volksliede gestattet ist, das ist darum der gedankenmäßig durchgebildeten Schriftsprache noch keineswegs erlaubt und wir müssen es unseren Dichtern als Fehler anrechnen, wenn sie in ähnlichen Fällen sich des Imperfects im Indicativ bedienen.

> Wahrscheinlich lebte er noch, wenn er fortfuhr, schlechte Verse zu machen. (Goethe an Schiller — Briefw.)

> Man sei überzeugt, daß, wenn er zum Bewußtsein kam, wie ihm denn das zuweilen zu geschehen pflegte, er sich zu einem solchen Fund behaglich Glück gewünscht habe. (Goethe, W. u. D.)

> Bei Gott, wenn dieser starke Arm mich nicht hereingeführt, ihr sahet nie den Rauch von einem fränkischen Ofen steigen. (Schiller, Jungfr. v. O. II, 1.)

Im Goethe'schen Satze muß es heißen: Wenn er fortgefahren hätte; — wenn er zum Bewußtsein gekommen sei oder wäre — er sich herzlich Glück gewünscht habe oder haben würde. Im Schiller'schen Satze ist das Imperfect Indicativ zum Stellvertreter des Conditionalis geworden: ihr sähet = würdet sehen. Derselbe Gebrauch des Imperfects im Indicativ findet sich öfter:

> Trotz eurer Spürkunst war Maria Stuart
> Noch heute frei, wenn ich es nicht verhindert.
> (Maria St.)

> O, wärst du wahr gewesen — nie kam es dahin, Alles stünde anders! (Wallenstein.)

> Und trat'st du, Herr, nicht zwischen uns herein, so stünde jetzt auch ich als pflichtvergessen ꝛc. (Goethe, Tasso.)

Es ist wohl nur um des Reimes willen, wenn Rückert schreibt: — Rostem schrak zusammen, als ob ihm der Dolch im Busen stak. Doch gebrauchen viele neuere Schriftsteller und Dichter auch in ungebundener Rede nach „als" „als ob" „als wenn" den Indicativ des Imperfects, namentlich Gutzkow.

> Das war eine Sprache, als sah man die Frau ihre Locken schütteln. (Zaub. v. R.)

Im „Till Eulenspiegel" von Jul. Wolff heißt es:

> Da reicht er mir ein uralt Glas,
> Nicht Fuß, nicht Henkel hatte das —
> Man konnt's nicht stellen, konnt's nur legen,
> Damit der Trinker nicht vergaß
> Es immer grünblich auszufegen. —

---

*) „Aus dem Lechrain" von Leoprechting.

Der Gebrauch des Indicativs kehrt immer wieder —

> Darauf
> Trat der Sprecher vor und schnarrte,
> Sie stünden hier als Abgesandte
> Des Zwergenvolks, das seiner harrte
> Und jetzt sich bittend an ihn wandte,
> Er möchte doch ꝛc.

Es ist ganz in der Ordnung und dem realistischen Triebe der Zeit entsprechend, wenn in unseren Romanen die Leute aus dem Volk redend eingeführt werden, daß man sie sprechen läßt, wie ihnen der Schnabel gewachsen ist. Wenn aber unsere Dorfnovellenschreiber diese linkische unbeholfene Weise des mundartlichen Ausdrucks in das Schriftdeutsch ihrer eigenen Darstellung aufnehmen, um dieser einen volksthümlichen Anstrich zu geben und den naiven Ton zu erkünsteln: so ist das höchst tadelnswerth. Denn es wird dadurch das feinere Sprachgefühl des Lesers abgestumpft, die Schriftsprache wird steifer und ungelenker gemacht und der Nachlässigkeit im Styl Vorschub geleistet.

Berthold Auerbachs Erzählungen wimmeln von diesen „volksthümlichen" Sprachfehlern. Ich will nur aus einer der kürzesten, zuerst in Rodenbergs „Rundschau" (1875, 5) erschienenen: Nannchen von Mainz — einige Sätze ausheben.

> Er nahm sich vor, wenn Nannchen von dem Preußen nicht **läßt**, sie künftig zu begleiten, wohin sie **will.**
>
> Er sah wohl, daß er jetzt nicht durchgreifen **kann** und es war ihm bang, was daraus werden **soll.**
>
> Er ärgerte sich, daß daheim etwas **kocht**, das ausgegessen werden **muß.**
>
> Die Schwiegertochter sollte nichts davon merken, was hier im Hause **vorgeht.**
>
> Ihr könnt nicht wollen, daß ich ungetreu an euch **bin.**
>
> Sie hätten es ihm am Gesicht absehen können, warum er heute die Festung **verläßt.**
>
> Schon fing Becker an zu grübeln, wie er sich nächsten Sonntag verhalten **solle**; er wollte sich nicht mehr zum Spott so herumführen lassen, wo er eigentlich gar nicht dabei sein **will**, und doch wußte er nicht, wie er das **anstelle.**
>
> Jetzt erst weinte Nannchen und sie wußte auch, daß Wilhelm dort im Wagen **weine**; aber sie wußte auch, daß er sich eben so schnell wieder **faßte** (dieß Mal richtig), wie sie.
>
> Nannchen betrachtete staunend den Vater, wie er so hartherzig sein **kann.**
>
> Aber er sollte auch erfahren, daß sie sich in nichts widersprechen **läßt.**

Denn eines Tages, als ein Brief aus der Havelstadt gekommen war, worin es hieß, daß Wilhelm sich wohlbefand, sagte Nannchen ꝛc.

Denn erstens merkten die Kameraden nicht, wohin es geht und dann wollte er in Bingen, wo man ihn nicht kennt, die Weiterfahrt unter dem Namen des Schwagers machen.

Wir sagen: Ich weiß, daß er **kommt** — wenn etwa Jemand das Kommen in Zweifel stellen möchte; dagegen: ich wünsche, daß er komme oder käme, ich wünschte, daß er käme oder kommen möchte. Ich bitte dich, daß du bleibest — du wollest bleiben; dagegen: ich erwarte, daß du bleibst (ich verlasse mich darauf), ich bin überzeugt, daß er auf seinem Platze **bleibt**. Ebenso: ich glaube, daß er **bleibt** (nicht „bleibe"), weil hier die subjective Gewißheit sich an die Stelle der objectiven setzt. Das Glauben eines Anderen hat aber für mich diese Gewißheit nicht und so müssen wir sagen: Er glaubt, daß es mit ihm aus sei. Ueberhaupt wird das Glauben, Meinen, Vermuthen, Sagen, Behaupten, Erzählen ꝛc. des Anderen vom sprechenden Subject durch den Conjunctiv bezeichnet, wenn dasselbe die Wahrheit des Behaupteten dahingestellt sein läßt und das Ausgesagte nur als Bericht, Meinung, Ueberzeugung des Anderen aufgefaßt wissen will.

Also: er fragte mich, ob ich schon **wisse**? Er schwur hoch und theuer, daß, was er gesagt, wahr **sei**.

> Man rühmet hoch
> Die Gütige; man glaubet, sie **entspringe**
> Vom Stamm der Amazonen, **sei geflohen**,
> Um einem großen Unheil zu entgehen.
> (Goethe, Iphigenie auf T.)

Doch steht auch diese Regel auf schwankenden Füßen und wird namentlich auch von unseren Classikern übertreten. Wir finden z. B. in Lessings Anti-Goeze:

> Ich will auf dem Einfalle des Rozas nicht bestehen, daß das Latein erst den rechten Narren **macht**; aber den rechten Philosophen macht es doch auch nicht.

Da sollte die Meinung des Andern durch den Conjunctiv bezeichnet werden, welchem dann der Indicativ als Meinung oder Ueberzeugung des Sprechenden um so wirksamer gegenüber stünde, wie im folgenden Satze:

> Sie sagen selbst, daß die Meinung, die ich lächerlich mache, Ihre Meinung nicht **sei**! Und leicht möglich, daß sie es wirklich nicht **ist**. (Ebendas.)

In den verm. Briefen (Ges. Schr. IV, 1) heißt es:

> Ich habe immer gehört, daß ein Poet eine furchtsame Creatur **ist**, und hier finde ich es auch.

Da sollte wiederum der Conjunctiv stehen: — daß ein Poet eine furchtsame Creatur sei und hier finde ich, daß er es ist. Der zweite Theil des Satzes scheint auf den Indicativ im ersten Theil desselben eingewirkt zu haben.

In Goethe's natürl. Tochter sagt der Gerichtsrath zu Eugenien: Du bist unglücklich, sagt man. Hätte der Satz begonnen: „Man sagt", so wäre jedenfalls der Conjunctiv gesetzt worden, mit welchem Goethe überhaupt nicht kargt. „Die erste Liebe" heißt es in W. u. D. —

 Die erste Liebe, sagt man mit Recht, sei die einzige.

Iphigenie spricht zu Pylades: Sage, wer du sei'st!

 „Du siehst, wie ungeschickt in diesem Augenblick ich sey."
             (Tasso.)

Schiller läßt Raoul zum König sagen:

 Wer sie sei, will sie allein dem König offenbaren.
             (Jgfr. v. O.)

Wir würden in diesen Fällen unbedenklich den Indicativ setzen. Im Briefwechsel mit Schiller sagt Goethe:

 In einer so absoluten Einsamkeit lernt man erst begreifen, wie lang ein Tag sei.

 Ihre Briefe sind jetzt meine einzige Unterhaltung, und wie dankbar ich Ihnen sei, daß Sie mir so auf Ein Mal über so Vieles weghelfen, werden Sie fühlen.

 Es ist wirklich eine Art der fürchterlichsten Prosa hier, wovon man außerdem nicht wohl einen Begriff hätte.

An ein folgerechtes Festhalten des einen oder andern Modus ist jedoch durchaus nicht zu denken.

 Ich wünsche von Ihnen zu hören, daß es vorwärts **gehe**.
             (Goethe, a. a. O.)

 Ich wünsche zu hören, daß Ihnen gelungen **ist**, etwas zu arbeiten.
             (Ders.)

 Denken Sie doch darüber nach, was man ihr allenfalls bei solchen Gelegenheiten vortragen **kann**.
             (Ders.)

 Obgleich ich keine Idee habe, wie man sich dabei (bei dem l'Hombre) zerstreuen und erfreuen **könne**.
             (Ders.)

In letzterem Satze wäre auch der Indicativ gerechtfertigt, insofern man die bekannte Thatsache hervorheben wollte, daß man sich bei diesem Spiele zerstreut und erfreut. Und so sind der Fälle nicht wenige, wo beide Modi abwechselnd vorkommen: je nachdem der Inhalt des abhängigen Satzes als eine allgemein anerkannte Wahrheit, als feststehende Thatsache, nicht anzufechtende Meinung — oder nur als Meinung und relative Wahrheit hingestellt wird.

Egmont spricht zu Ferdinand, dem Sohne Alba's:

> Geh! sag' ihm, daß er weder mich noch die Welt belügt.

Und darauf:

> Um sein selbst willen hat er [den] Krieg gerathen, daß der Krieger im Kriege gelte (gelten möchte).
>
> Er hat diese Verwirrung erregt, damit man seiner bedürfe.
> (Goethe's Egmont.)

In Schillers Maria Stuart erzählt Mortimer die Geschichte seiner Bekehrung, wie der Cardinal von Guise sich selbst herabgelassen, die „hohen Glaubenslehren ihm zu deuten" und „seines Herzens Zweifel zu zerstreun".

> — Er zeigte mir, daß grübelnde Vernunft den Menschen ewig in der Irre leitet ꝛc.
>
> Daß ein sichtbar Haupt der Kirche noththut ꝛc.

Für den Bekehrten sind das feststehende Sätze. Dagegen sagt Burleigh zu Maria Stuart:

> Und denkt ihr, daß der königliche Name
> Zum Freibrief dienen könne, blut'ge Zwietracht
> In fremdem Lande auszusäen? ꝛc.

Die Unmöglichkeit steht für den Lord fest, die schottische Königin aber möchte diesen „Freibrief" geltend machen.

Ein Schwanken tritt in den Zeiten des Conjunctivs ein, wenn derselbe dem Sinne nach sich nicht nach dem erzählenden Imperfect oder Plusquamperfect zu richten braucht. Z. B.: Er fragte mich, ob ich der Gefahr Trotz bieten wolle? ob er es wagen solle? ꝛc. Directe Rede: Willst du der Gefahr Trotz bieten? Soll ich es wagen? Der Indicativ Präsentis der (gedachten) directen Rede wirkt da auf die Gegenwart des Conjunctivs der indirecten zurück. „Es war beinahe zwei Uhr, als der Magier erschien und uns ankündigte, daß es Zeit wäre" heißt es in Schillers „Geisterseher". Wir könnten eben so richtig sagen: „daß es Zeit sei". Ist dagegen die Conjunctivform zu stumpf, daß sie mit dem Indicativ verwechselt werden könnte: dann tritt der Conjunctiv Imperfecti hervor. Z. B.: Er fragte mich, ob ich kein Geld bei mir hätte.

Im folgenden Satze verlangt unser Ohr anstatt des matteren „haben", das zugleich Indicativform ist, das schärfere „hätte".

> Wenn ich ihnen vorhielt, daß sie einem Staat, dessen Schutz sie so lange genossen haben, nun doch auch zu jedem rechtmäßigen Dienst, auch zum Kriegsdienst, verpflichtet seien, so hielten sie mir entgegen: sie seien gute Unterthanen des Kaisers, das haben sie im Krimkriege bewiesen, indem sie .... sich oft persönlichen Gefahren ausgesetzt haben.
> (Die deutschen Kolonien in Südrußland —
> A. A. Z. 1875, Beil. 23. Juli.)

Ebenso tritt oft an die Stelle des matteren „werde" als Conjunctivform der zukünftigen Zeit die schärfere Conditionalform „würde":

> Ein Freund brachte Nachricht, daß er wegen gewisser Umstände sobald noch nicht zurückkehren würde. (Goethe, W.'s Leiden.)

Uebrigens herrscht im Gebrauch des Conditional noch viel Unsicherheit. Früher wandte man an seiner Statt noch die Hülfsverben: wollen, mögen, können 2c. an, z. B. bei Luther: Wenn der Esel Flügel hätte, so möcht' er fliegen; oder in Seb. Francke's „Sprüchwörtern":

> Wil er dann ein Bettler bleiben, so bleib' er einer, ich wollt' in zum Herrn gemacht haben.

Jetzt sind wir (in Nachahmung des Französischen) dahin gelangt, den Conditional an Statt des „möchte, könnte, sollte" 2c. zu setzen, wo er ganz unstatthaft ist.

> Man würde wünschen (st. man „möchte" w.), die Reichenberger nähmen sich die Zittauer zum Muster.
> (Böhmische Wanderungen, A. A. Z. 1875, Beil. 142.)

Bekanntlich entspricht dem Conditional der einfachen Zukunft (futuri simplicis) im Hauptsatze der Conjunctiv des Imperfects im Nebensatze, und dem Conditional der vollendeten Zukunft (futuri exacti) der Conjunctiv des Plusquamperfects im Nebensatze:

> Ich würde ihn empfangen, wenn er heute käme.
> Ich würde ihn empfangen haben, wenn er heute gekommen wäre.

Den Conditional können die entsprechenden Imperfecte ersetzen: Ich empfinge ihn, ich hätte ihn empfangen. Goethe schreibt an Schiller: Es würde recht schön sein, wenn Sie diese Woche herüber kämen. Da könnte auch der Conjunctiv des Imperfects stehen: Es wäre recht schön, 2c. Aber nicht mit gleicher Sicherheit läßt sich umgekehrt der Conditional an der Stelle des Imperfects oder Plusquamperfects im Nebensatze setzen.

> Es wäre recht schön, wenn Sie diese Woche herüber kommen würden. (statt: „herüberkämen" oder auch: „herüberkommen möchten.")

Freilich heißt es schon bei Luther: „Glaubet ihr nicht, wenn ich euch von irdischen Dingen sage, wie würdet ihr glauben, wenn ich euch von himmlischen Dingen sagen würde?" (Evang. Joh. 3, 12). Da wäre aber doch — ganz abgesehen von der schleppenden Wiederholung des „würde" — besser zu sagen: wenn ich euch von himmlischen Dingen sagte. Doch widerstrebt diese Anwendung der conditionalen Redeweise so wenig unserem Sprachgefühl, daß wir kaum einen Anstoß daran nehmen, wenn Lessing (in der Hamb. Dramat.) schreibt:

— Er habe ihr den Ring zuschicken wollen, den sie ihm zur Zeit der Huld mit der Versicherung geschenkt, daß, wenn er ihr denselben bei einem etwaigen Unglücke als ein Zeichen senden würde, er sich ihrer völligen Gnade wiederum versichert halten sollte.

In Anbetracht, daß der Conditional auch als Verstärkung des Conjunctivus Futuri durchaus gestattet ist, geht der grammatische Rigorismus zu weit, obiges „senden würde" als fehlerhaft zu bezeichnen. Die neuhochdeutsche Sprache gestattet einen ziemlich ausgedehnten Gebrauch der conditionalen Form und unsere Classiker haben von dieser Freiheit einen ziemlich ausgedehnten Gebrauch gemacht. Man vergleiche folgende Sätze:

Und wie meint man, daß es mit aller Untersuchung der Wahrheit ausgehen würde, wenn er (der Wunsch) nur erst Gesetz wäre? (Lessing, Anti-Goeze.)

— hier verhält sich der Satz „daß es — ausgehen würde" wie der Hauptsatz zum nachfolgenden bedingenden Nebensatze „wenn er — wäre."

Ist der bloß ein verständiger Mann, der Verstand genug hat, die Verfolgung zu erwägen, die er sich durch seine Freimüthigkeit zuziehen würde? (Ebendas.)

Solche Theilnahme, aus deren Erweisung erst folgen würde 2c. (Ebendas.)

Wir trösteten uns mit der Hoffnung, daß wenn es erst an's Clavier gehen würde, wenn es an die Finger käme, das scherzhafte Wesen seinen Anfang nehmen würde.
(Goethe, W. u. D.)

— hier ist die Imperfectform „käme" vom Autor wohl nur darum gewählt, um die dreifache Wiederholung des „würde" zu vermeiden.

Er schwur, daß er seinen Eltern keine Ruhe lassen würde, bis sie ihm solch vortrefflichen Mann zum Lehrer gegeben. (Ebendas.)

In hypothetischem Sinne (angenommen, den Fall gesetzt 2c.) den Conditional zu brauchen, ist aber entschieden fehlerhaft; wir haben da den Conjunctiv Imperfecti zu setzen: Angenommen, es wäre so. Gesetzt, er träte zu uns über (nicht: er würde zu uns übertreten), er käme nicht (nicht: er würde nicht kommen).

Gesetzt, der Tempel der Diana stünde noch in seiner ganzen Pracht vor uns. Nun fände sich in allen Nachrichten, daß er auf einer Grundlage von Kohlen ruhe; sogar der Name des weisen Mannes wäre noch bekannt 2c.
(Lessing, Theolog. Streitschriften.)

Doch — damit auch hier die Regel nicht ohne Ausnahme sei — findet man hin und wieder wohl den Indicativ:

Gesetzt, ich that's. (Schiller, Mar. St.)

Wir müssen denselben Imperfect-Conjunctiv gebrauchen, um den Wunsch auszudrücken (modus optativus). Käme er doch heute! Schriebe er doch bald! und können an die Stelle des Optativs nicht den Conditional setzen: Wenn er doch heute kommen würde — wenn er doch schreiben würde! Unser Wunsch ist durchaus nicht als eine Bedingung zu denken für das schreiben oder kommen; wohl aber können wir das Hülfszeitwort „möchte" anwenden, das den eigenen Willen oder Wunsch des Kommenden oder Schreibenden bezeichnet. „Wenn er doch kommen, schreiben möchte!"

Endlich ist auch jene Nachlässigkeit zu rügen, wo man zwar mit dem Conditionalis beginnt, dann aber ihn fallen läßt und mit dem erzählenden Imperfect oder schildernden Präsens nachrückt. In den deutschen Briefen des Fürsten Pückler-Muskau, die bei aller Natürlichkeit und Anmuth doch an jener vornehmen (d. h. vornehm sein sollenden) „Nonchalance" leiden, die keinen correcten Styl aufkommen läßt, heißt es z. B.

So lange ich meine Lucie habe, fürchte ich nichts; denn würden wir auch arm, so kochte (sic) mir Lucie Eierkuchen, wir beziehen ein romantisches Bauernhaus in den Thälern des Brünig und sind vielleicht glücklicher als jetzt.

5.

Zur Apposition übergehend will ich vorweg das Schwanken des attributiven Adjectivs, wenn es, unmittelbar nach Eigennamen gesetzt, diese gleich der Apposition kennzeichnet, mit einigen Worten berühren.

Ist zu sagen: die Kriege Karls des Großen, oder: die Kriege Karl des Großen? die Werke Friedrichs des zweiten, oder: die Werke Friedrich des zweiten? Namhafte Sprachlehrer und Schulmänner haben ausdrücklich als Regel aufgestellt, zu decliniren sei:

> Friedrich der Große
> Friedrich des Großen
> Friedrich dem Großen
> Friedrich den Großen.

Auch Daniel Sanders (vgl. Kurzgefaßtes Wörterb. — den Artikel „Personennamen") schreibt vor: Friedrich des Großen — Friedrich des zweiten. Es liegt aber gar kein Grund vor, dem Hauptwort das Genitiv-s zu entziehen, denn der Eigenname ist nicht so mit dem adjectivischen Zusatz verschmolzen, daß letzterer nicht auch abgelöst und anderen Eigennamen (Alexander, Karl ꝛc.) beigelegt werden könnte. Die Werke Friedrichs des Großen sind doch wohl vor Allem „die Werke Friedrichs", gleichviel, ob wir zur näheren Bestimmung dieses Friedrichs hinzusetzen: „des zweiten", „des einzigen", „des Großen", „des größten Königs von Preußen". Früher (z. B. noch in den Geschichtswerken Joh. v. Müllers) trennte man den appositionellen Zusatz durch ein Komma vom Hauptwort:

„Doch war Karls, des Großen, Verstand mehr werth, als die Philosophie, welche er von Alcuin lernte."
(XXIV. B. Allgem. Gesch.)

In der Geschichte des deutschen Volks von Dan. Müller lautet die Ueberschrift S. 307 der 3. Aufl.:

> Die letzten Zeiten Friedrich des Großen und die Regierung Friedrich Wilhelms II. (des zweiten).

Folgerecht wäre zu schreiben gewesen: die Regierung Friedrich Wilhelm des zweiten. „Die Zeiten Friedrich des Großen" ist aber wohl nur ein Druckfehler, denn im Uebrigen heißt es durchgehends: Theodorichs des Großen Regierung — Friedrichs des Großen Vorbild — Die Gewandtheit Katharina's der zweiten. Wer möchte auch schreiben wollen: Die Gewandtheit Katharina der zweiten!

Treten zwei Eigennamen zusammen, so geht die Beugung auf den letzteren über: Die Regierung Friedrich Wilhelms des vierten. Das Leben Karl Augusts (von Weimar) — auch wenn der Titel vorgesetzt wird — der in diesem Falle unverändert bleibt. Die Regierung König Friedrich Wilhelms des vierten. Die Statue Herzog Karl Augusts. Erhält aber das Hauptwort, das die Würde, den Titel 2c. bezeichnet, den Artikel, dann wird das Genitiv-s des Eigennamens unnütz:

Die Statue des Herzogs Karl August von Weimar,

Die Regierung des Königs Friedrich Wilhelm des vierten,

Die Kriege des Königs Friedrich des zweiten, oder: des Großen.

Ebenso sagen wir: Professor Müllers Vorlesungen, dagegen: Die Vorlesungen des Professors Müller.

> „Den äußeren Hauptschmuck des neuen Hoftheaters wird eine „Quadriga 2c. von Prof. Schillings Hand bilden."
> (Künstlerische Unternehmungen in Dresden —
> A. A. Z. 11. October 1875.)

Da der Titel „Doctor" weniger den Stand bezeichnet, als es bei „Professor", „Geheimerath", „Minister" der Fall ist, und mit dem Eigennamen gewissermaßen verschmilzt, so sprechen wir von der Schädellehre des „Doctor Gall", „Bericht des Doctor Gutman" (Spielhagen, In R. u. Gl.) — und Manche behandeln wohl auch in ähnlicher Weise den Professortitel: Vorträge des Professor Virchow. In Heyse's deutscher Schulgrammatik (22. Aufl. S. 357) wird zwar als Regel vorgeschrieben, zu sagen: „Das Haus des Doctors Meyer" sogar: Das Haus des Herrn Doctors M. —; allein das Genitiv-s ist in diesen Fällen schwankend geworden. Auch bei Adelstiteln. Man findet oft: Die Candidatur des Ritter von Schmerling. Die Denkwürdigkeiten des Baron Stockmar (statt: des Ritters, des Barons).

Selbstverständlich muß das s schwinden, wenn noch ein Titel oder Gemeinname vor Doctor, Geheimerath, Hofrath 2c.

tritt: Die Wahl des Professors Dr. (Doctor) Stein zum Rector Magnificus. Dem Andenken des Akademikers Hofrath Plastwetz gewidmet. Dagegen ist es fest in Verbindungen wie:
> Die Rede des Herrn Ministers Camphausen.
> Die Villa des Herrn Commerzienraths N. N.

gleichviel, ob „Herrn" gesetzt wird, oder nicht.

Auf Briefadressen und Büchertiteln schwankt die Rection: An Herrn N. N., Assistent und Assistenten am chemischen Laboratorium. „Der Staat und die katholische Kirche" zc. von Dr. L. Golther, „württembergischer Staatsminister". „Biblisches Realwörterbuch zc. von Dr. Georg Benedict Winer, königlichem Kirchenrath und ordentlichem Professor der Theologie — Domherren des Hochstifts Meißen."

Durchaus fehlerhaft ist das Hinüberfahren aus dem richtigen appositionellen Genitiv in den Dativ. In Nr. 27 der „Gegenwart" von P. Lindau spricht z. B. W. Jensen von einem „Proceß des Dr. juris Grisebach, kaiserlich deutschem Kanzler in Smyrna."

In geschlossenem Satze sollte das Appositionsverhältniß strenge beobachtet werden; wir treffen da aber das gleiche Schwanken und die gleiche Willkür. So z. B. bei Rangtiteln: Hauptmann, Oberst, General, Kommandant zc.

> Ziemlich weit von dieser ersten Abtheilung lag das zweite Geschwader unter dem Befehl des Capitains zur See v. Wickede, Commandant der Segelfregatte „Niobe".
> (Jul. v. Wickede; eine deutsche Flottenschau — „Daheim", 1875, 14.)

Auch bei Gemeinnamen wird die Casusendung oft weggelassen, zumal das Dativ-e.

> Zwar glückte Karl dem Dicken, Ludewigs des Teutschen Sohn, die Vereinigung der Krone der Kaiser und der longobardischen Könige zc. (Joh. v. Müller, a. a. O.)

Wie wichtig es für den Sinn des Satzes ist, die Apposition mit dem Hauptwort, auf das sie sich bezieht, in gleichem Casus zu halten, mag der folgende Satz zeigen:

> Zudem hatte der Pascha in Aegypten erbitterte Feinde. Am 1. März 1811 hatte er einmal 439 Adlige der Mamelucken, die damaligen Herren Aegyptens, durch arnautische Männer hinschlachten lassen.
> (B. Hartmann: der Eroberungszug der Aegypter nach Nubien und Sennaar — Westerm.'s Mon.-H. Sept. 1875.)

Die grammatische Form, welche die 439 Adlige und die damaligen Herrn zc. im Casus übereinstimmen läßt, würde den Sinn haben, daß besagte Adlige die Herren Aegyptens gewesen seien. Das ist aber nicht gemeint, sondern es soll gesagt werden, daß die Mamelucken die damaligen Herren Aegyptens gewesen seien. Alle Zweideutigkeit schwindet, wenn grammatisch richtig gesagt wird: 439 Ablige der Mamelucken, der damaligen Herren Aegyptens.

Von den deutschen Sagen schreibt H. Heine in seinem „Salon" (1.) (beiläufig gesagt: ebenso unwahr als charakterlos, denn er schmeichelt den Franzosen, wo er nur kann!) —

> Wie schön, klar und farbenreich sind Eure Volkssagen in Vergleichung mit den unsrigen, diese Mißgeburten, die aus Blut und Nebel bestehen und uns so grau und grausam ergreifen.

Es sollte „diesen" Mißgeburten heißen. Doch ist dieser nachlässige Anschluß sehr in Aufnahme gekommen und auch in manchen Fällen, wo neben der objectiven Darstellung (Erzählung, Beschreibung, Schilderung des Thatsächlichen) ein erläuternder Zusatz als Bemerkung des Berichterstatters in Parenthese eingeschaltet wird und ein: „es ist, war" „welcher ist" oder „war" zu ergänzen ist — nicht zu verwerfen. Wird dieser Zusatz nicht gemacht, so muß die Apposition ihre Abhängigkeit auch durch die Uebereinstimmung des Casus erweisen.

> „Wilhelm ist bei dem alten Herrn von Hochkirch gewesen — das alte krumme Männchen mit der leisen Stimme und der Schnupftabacksdose."
> (Glaser, der Schwiegersohn der Frau von Roggebeen.)

— zu ergänzen: Du kennst ja das alte krumme Männchen 2c. oder: es war 2c. Da der Erzähler diesen Zusatz nicht macht, so muß es heißen: „dem alten krummen Männchen" 2c. Wenn in Walter Scotts „Ivanhoe", übersetzt von Elise v. Hohenhausen (IV, 1.), erzählt wird: Reitend auf einem Maulesel, das Geschenk des Geächteten — so muß es heißen: dem Geschenk, oder es ist zu sagen: es war das Geschenk des Geächteten. Auf einem Geschenke reitet man freilich nicht und so klingt es etwas wunderlich: Reitend auf einem Maulesel, dem Geschenke des Geächteten. Dr. Leonhard Tafel hat in seiner Uebersetzung des Ivanhoe das „reiten" weggelassen: „Auf einem Maulesel, dem Geschenk des Geächteten, mit zwei Yeomen an der Seite hatte sich der Jude nach dem Präceptorium auf den Weg gemacht." Die Härte liegt hier also in der grammatisch richtig angewandten Apposition. Dagegen kann ich keine „auffallende Härte" in dem von A. Brandstäter (a. a. O. S. 127) getadelten Satze finden:

> Es machte einen höchst auffälligen Eindruck, diesen Schritt, seiner Form nach ein crasser Staatsstreich, in fast allen englischen Zeitungen gefeiert zu sehen.
> (Preuß. Jahrb. 1865.)

Nur sollte in solchen Fällen statt des Komma's der Gedankenstrich gesetzt werden. Die Zeitungen feierten den abso=

lutistischen Act des Königs nicht als crassen Staatsstreich. Daß es ein solcher war, sagt uns der Verfasser als seine Ansicht oder Meinung und diese wird durch den (elliptischen) Nominativ gekennzeichnet.

„Wem ist das Haus da drüben?" fragt in Goethe's „Stella" Lucie die Postmeisterin. Diese antwortet:

<blockquote>Unserer Frau Baronesse. Eine allerliebste Frau.</blockquote>

Goethe hat da beide elliptische Sätze durch einen Punkt getrennt. Der erste berichtet objectiv und beantwortet die Frage; der zweite gibt die subjective Ergänzung der Frau Postmeisterin. Die Ellipse will besagen: Sie ist eine allerliebste Frau.

<blockquote>Angesichts dieser Bewegung, welche theilweis wieder angefangen hat, sich an jene Zeit wieder anlehnen zu wollen, dürfte es doch gut sein, auf den großen Unterschied zwischen damals und jetzt aufmerksam zu machen — ein Unterschied, der geradezu als principieller erscheint und daher heut eine Vergleichung nicht wohl mehr zuläßt.
(E. H. Zur heutigen schutzzöllnerischen Bewegung. A. A. Z. 1875, 21. Aug.)</blockquote>

Der Gedankenstrich stellt das letzte Satzglied als ein relativ selbständiges hin — es ist ein Unterschied, der 2c.

Dagegen wird der Appositions-Nominativ unerträglich in folgendem Satze:

<blockquote>Damals erschien der „Jesuit" im Studirzimmer des bisher in Büchern und Papieren versunkenen Michelet, schon ein großer Denker und Geschichtsforscher wie Geschichtsschreiber, um in seiner Seele eine gründliche Umwälzung hervorzubringen.
(A. A. Z. 1875, 15. Aug.)</blockquote>

Die Regel der Apposition würde verlangen: schon eines großen Denkers 2c., — das wäre aber zu steif und unbeholfen; „eines schon (damals) großen Denkers" gleichfalls nicht passend, da der Leser bereits mit Herrn Michelet bekannt geworden ist. Also wäre zu sagen: „des schon damals großen Denkers und Geschichtsschreibers" oder zwischen zwei Gedankenstrichen — er war schon damals ein großer Denker 2c. — oder als Relativnebensatz: der schon ein großer Denker, Geschichtsforscher und Geschichtsschreiber war; oder — in Parenthese — er hatte sich bereits als großer Denker 2c. hervorgethan.

Wir haben da die Appositionspartikel „als" berührt, welches für die deutsche Satzfügung sehr wichtige Wort wir schon oben als Comparationspartikel näher betrachtet haben und zwar im Kampf und Wechsel mit dem nebenbuhlerischen „wie". Aber auch hier ist das Wörtlein die Parole für grammatischen Streit und Hader; es tritt ein Schwanken zwischen Nominativ und Accusativ hervor und der Zweifel, welcher Casus in dem einen oder anderen Falle zu setzen sei, verschont auch den Sprachgeübtesten nicht. Darf gesagt werden: Er hat sich als großer Denker und Geschichtsforscher hervorgethan — oder muß es nicht richtiger heißen: er hat sich als großen Denker ꝛc. hervorgethan? Er bewährte sich auch in diesem Werk als gründlicher Forscher — oder: als gründlichen Forscher? Er zeigte sich als vollendeter Hofmann, oder: als vollendeten Hofmann?

Alle diese reflexiven oder reflexiv gebrauchten Verben beziehen ihre Thätigkeit nicht auf ein Object, sondern bleiben subjectiv und der appositionelle Zusatz sagt nur aus, was oder wer? die Person oder Sache war oder ist, die in Rede steht. „Er bewährte sich als gründlicher Forscher" — er war es bereits. „Er zeigte sich als vollendeter Hofmann" — er zeigte, daß er ein vollendeter Hofmann war. Die Appositionen „Forscher, Hofmann" ergänzen das Subject: Er.

Soll das Appositionshauptwort zur näheren Bestimmung des Objects dienen (gleichviel, ob dieses mit dem Subject identisch ist oder nicht), so wird der Accusativ gesetzt: Er zeigte sich als vollendeten Hofmann — d. h. er stellte Sich (vielleicht zur Ueberraschung der Anwesenden) als solchen dar.

Es liegt auf der Hand, daß ein so feiner Unterschied oft gar nicht gemacht wird oder zu machen ist und daß somit die Wahl des einen oder andern Casus der Willkür überlassen bleibt. Wir haben oben ein Beispiel aus Goethe's Wilh. M. angeführt:

„Sie (er)zeigte sich als kühner Matrose." —

es wäre da richtiger zu sagen gewesen: sie zeigte sich als kühnen Matrosen. Lessing schrieb an Gleim:

Aber ich bitte Sie inständigst, zeigen Sie sich ja als einen wahren Deutschen —

ein Schriftsteller der Gegenwart würde geschrieben haben: Zeigen Sie sich als wahrer Deutscher (der Sie ja sind)!

Bei den Verben: ansehen, betrachten, aufnehmen ꝛc. ist aber diese Beziehung auf das Subject unstatthaft: Er betrachtete mich als (einen) Ausländer. Da ist selbstverständlich nicht der Betrachtende, sondern der Gegenstand seiner Betrachtung der Ausländer. In Lessings Nathan spricht der Tempelherr zum Klosterbruder:

Sagt Euerm Patriarchen — ich müsse mich noch als Gefangenen betrachten.

Der Tempelherr will nicht sagen, daß Er als Gefangener sich betrachten müsse, sondern daß er Sich selbst als Gefangenen anzusehen habe. Der Accusativ ist da vollkommen richtig.

Auffallender, obwohl grammatisch weniger gerechtfertigt tritt der Nominativ hervor, wenn mit dichterischer Freiheit die Appositionspartikel weggelassen wird.

Sie sehen mich ein Raub der Wellen!
(Lessing, Em. Gal.)
Dann übt der Jüngling seine Kräfte, fühlt, was er ist und fühlt sich bald ein Mann.
(Goethe, Tasso.)

Dagegen in Schillers „Wallenstein":
Noch fühl' ich mich denselben, der ich war.

Durchaus berechtigt und correct ist der Nominativ:
Ich kam, ein schlechter Reitersbursch aus Irland —
Vom niederen Dienste stieg ich auf
Durch Kriegsgeschick zu dieser Würd' und Höhe,
Das Spielzeug eines grillenhaften Glücks.
(Schiller, Piccolomini.)

Diese Ellipse (Auslassung des appositionellen „als") hat sich mehr und mehr Bahn gebrochen.

Ein der grammatischen Regel spottender, das Congruenz= verhältniß aufhebender Gebrauch ist der Nominativ des in der Apposition stehenden Hauptworts, das sich auf ein im Genitiv stehendes Hauptwort bezieht:

Die Verdienste Alex. v. Humboldts als Naturforscher (statt: als Naturforschers).

Goethe's Kraft als lyrischer Dichter (statt: als lyrischen Dichters).

Gewöhnlich heißt es: Wir gedenken seiner Verdienste, oder: Humboldts Verdienste als Naturforscher; wir zollen Humboldts Verdiensten als Naturforscher alle Achtung. Freilich entsteht in letzterem Satze die Zweideutigkeit, daß „als Naturforscher" sich auf „wir" beziehen möchte. Für diesen Fall wäre zu setzen: Wir, als Naturforscher, zollen Humboldts Verdiensten alle Achtung. Wird aber der Appositions=Genitiv streng gewahrt, so fällt auch die Zweideutigkeit weg: Wir zollen Humboldts Verdiensten als Naturforschers alle Achtung.

Der Berichterstatter in der A. A. Z. vom 8. August 1875 hat grammatisch exact geschrieben, indem er meldete: „Darauf sprach der Rector der Universität über das Wirken Sybels als akademischen Lehrers." Wir müssen sagen: Von Sybels Wirken als akademischen Lehrers (nicht akademischem Lehrer) ist die Rede gewesen. Man wünscht ihm Glück zu seinem Wirken als akademischer Lehrer, oder: akademischen Lehrers. Seines Wirkens als akademischer Lehrer, oder: akademischen Lehrers ist in Ehren gedacht worden.

Der Verfasser der „Wiener Briefe" in der A. A. Z. schreibt (Beil. vom 17. Oct. 1875): „Das übliche Duell wird nur dadurch vermieden, daß die entschlossene Elma dem Com= mandanten das Personalgeheimniß des rabiaten Cousin[s] ver= räth, und somit zur Verhütung größeren Unheils dessen Ver=

haftung als entsprungener Kriegsgefangene herbeiführt" — es muß heißen: als entsprungenen Kriegsgefangenen (Genitiv).

Man begegnet auch wohl an unrechter Stelle einem Accusativ (anstatt des Nominativs); z. B.:

> Dem edlen König Oskar von Schweden, der ... in vollem Glanz seiner Königswürde die deutsche Küste betrat, um sich als gern gesehenen freudig begrüßten Gast an das Hoflager unsers Kaisers Wilhelm zu begeben ꝛc.
> (Jul. v. Wickede, eine deutsche Flottenschau, a. a. O.)

Dagegen wird der Accusativ, den die Grammatik fordert, wieder zweifelhaft und gern mit dem Nominativ vertauscht in Sätzen, wie:

> Lassen Sie mich in Ihrem Tempel weilen als ein frommer Beter, als ein ergebener Verehrer.
> (M. Ring, Fürst und Musiker.)

„Als" wird auch erklärend und erläuternd gebraucht, ähnlich wie: und zwar, nämlich, zum Beispiel ꝛc. Man kann sagen: in diesem oder jenem Lande trifft man verschiedene Vögel, als [da sind]: — oder: als [zum Beispiel] — wenn man nur einige anführen will. Fehlerhaft ist jedoch das „als" in folgendem Satze (aus einer Skizze über das Wildkirchlein und die Ebenalp — Schwäb. Merkur 1875, 29. Juli):

> Als Vögel zeigen sich der Baumläufer, der Mauerspecht, der Schneefink und die Bergschwalbe. —

Wenn sich Baumläufer, Mauerspecht ꝛc. mitunter auch „als" Säugethiere oder Fische zeigen könnten, dann wäre die Partikel gerechtfertigt.

Ein Seitenstück dazu ist folgender Satz aus der Broschüre Friedrich Notter's über Eduard Mörike (Stuttgart 1875):

> Sodann aber erzählte er (Mörike) mir einmal, er habe Einsicht in einen Brief Schellings an seine damals in Württemberg als Knaben sich aufhaltenden Söhne erlangt, worin derselbe ihnen Nachricht von einer gefährlichen Krankheit der Mutter gäbe ꝛc.

Der Satz: die Söhne Schellings hielten sich damals in Württemberg „als Knaben" auf, wäre nur dann zu rechtfertigen, wenn die Möglichkeit vorhanden gewesen wäre, daß sie zu gleicher Zeit auch als Jünglinge oder Männer hätten erscheinen können.

6.

Aus dem inhaltreichen Capitel der Pleonasmen will ich nur diejenigen Punkte hervorheben, die uns immer viel zu schaffen gemacht haben: die Verstärkung der Negation durch Häufung der Verneinungswörter und die Verstärkung der Position durch Negation.

„Wenn auf der Welt kein Bauer nicht wär',
So fiel es uns zu leben schwer —"

heißt es im bayer'schen Bauernliede.

Mit Sei hewm eck nicks tau schaffen —
Sei hewwen mi nicks nich tau befehlen!

sagt der Stadtdiener zu Blücher in Fritz Reuters Schwank: „Fürst Blücher in Teterow".

Alle unsere Mundarten gesellen zu „keiner" oder „nichts" ein „nicht", zu „Niemand" gleichfalls „nicht" oder „nichts".

Aber auch das Schriftdeutsch hat lange an der doppelten Verneinung festgehalten und wir treffen sie noch zum Theil bei unseren Classikern. Gegenwärtig dürfen wir nicht mehr mit Martin Luther sagen: Seid Niemand nichts schuldig! oder mit Joh. Arndt: So hat noch nie kein Prophet gepredigt! sondern müssen sagen: Seid Niemand etwas schuldig! So hat noch nie ein Prophet gepredigt!

Mit vollem logischen Recht! sagen unsre sprachlichen Rigoristen und Rationalisten. Denn ist es nicht offenbarer Unsinn, zu behaupten, wenn man keinen Menschen gesehen hat, man habe keinen Menschen nicht gesehen?

Wer der geschichtlichen Entwickelung unseres Sprachgebrauchs nachgeht, urtheilt nicht so schnell und ist behutsamer mit seinen Anklagen wider die schlechte Logik unserer Altvordern. Diese fanden die verneinende Kraft in unserem „kein" zu schwach, zumal da in diesem deutschen nullus auch ein ullus (irgend ein) steckt.

Im Althochdeutschen waren beide Begriffe noch geschieden; dem „kein" im Sinne von nullus entsprach das nihein (neque unus), das in nihein, nohein, nehein und mit verstärktem Anlaut in nechein überging. Dagegen bedeutete dihein, dohein, dehein und dechein „irgend ein" (ullus, aliquis). Durch Abwerfung der Vorsylbe entstand unser kein mit seinem Doppelsinn. Schon in den Gedichten Walther's von der Vogelweide tritt das jüngere kein auf, aber noch neben den Formen dehein und enhein. Das en war damals die Negationspartikel, welche auch den Verben vorgesetzt wurde, z. B. nu en welle got! nun wolle Gott nicht!

    Wie mac des iemer werden rât
    der umbe sine missetât
    niht herzelicher riuwen hât
    sît got enheine sünde lât.*)

Da ist enhein = nullus. Wie mag des werden Rath (wie mag dem je geholfen werden) der um seiner Missethat nicht herzliche Reue hat, seit (da) Gott keine Sünde erläßt.

    hât si nu deheine triuwe**)

— hat sie nur irgend welche Treue, d. h. Wohlwollen. Hier ist dehein = ullus.

Die Umwandlung jener Formen in's kürzere kein vollzog sich gegen das Ende des 12. Jahrhunderts. Beispiele von kein im Sinne von dechein (irgend ein) aus dem 15. Jahrhundert sind in Schmellers Wörterbuch 2, 303 ff. gegeben.

    Ja bil mer ist ir von herzen laib so Jemand in kain sund valt (in irgend eine Sünde).

Die deutsche Sprache geht da mit der französischen parallel; nul und aucun gewinnen nach dem verneinenden sans die Bedeutung von irgend welcher (ullus).

    sans nul effet (ohne irgend welchen Erfolg)
    sans aucune difficulté (ohne irgend eine Schwierigkeit)

Wenn der Franzose sagt: cela n'est de nul usage, so verneint er eben, daß es von irgend welchem Nutzen sei. Im Deutschen mußten, nachdem die Verneinungspartikeln ne und en abgeworfen waren, besondere Verneinungswörter wie nie, nicht, nimmer zu kein treten, um das bejahende ullus in ein verneinendes nullus überzuleiten. Uns genügt zu sagen: Man soll keinem Heuchler glauben! Luther sagte: „Man soll doch keinem Heuchler nimmer glauben."

---

*) Walther von der Vogelweide, herausgeg. von Franz Pfeiffer, 80.
**) Ebendas. 34.

Ist denn keine Salbe in Gilead oder ist kein Arzt nicht da?
(Jerem. 8, 22.)
(ist nicht irgend ein Arzt da?)

Wir sind Abrahams Saamen, sind nie kein Mal Jemandes Knechte gewesen. (Joh. 8, 33.)

Der Lateiner setzt unquam (jemals). Nemini servivimus unquam, heißt es in der Vulgata. Wir haben Niemandem jemals gedient. Der Deutsche wollte da kräftiger verneinen und die Vorstellung ganz abweisen, daß er jemals gedient habe, wenn er sich äußerte: wir haben niemals keinem gedient. Ebenso sollte die Vorstellung „etwas schuldig" sein ganz ausgeschlossen sein in dem Verbote: Seid Niemand nichts schuldig! Das Nichtsschuldig sein = keine Schulden haben sollte eingeschärft werden.

Mit der abstracten Logik kommen wir in der Sprache überhaupt nicht zur Entscheidung gewisser Probleme; jede Sprache hat ihre besondere Logik, weil bei der Bildung der Sprachformen und insbesondere des Satzbaues nicht bloß der sondernde unterscheidende Verstand, sondern auch der Affect, die erregte Empfindung und der auf den Eindruck gerichtete Trieb mitgewirkt haben. Der gemeine Mann, der etwas erzählen oder beschreiben, bejahen oder verneinen, schmähen oder anpreisen will, möchte das in eindringlichster Weise thun und bedient sich dazu der verschiedensten Mittel. Die Pleonasmen sind ganz nach seinem Sinn und Trieb, weil sie affectvoll sind. Er wird, wenn er einen alten Bekannten trifft, den er lange nicht gesehen hat, durchaus nicht sagen: Es ist lange her, daß wir uns gesehen haben! sondern: Es ist lange her, daß wir uns nicht gesehen haben! Wir haben uns so lange nicht gesehen! — als Vorwurf, Bedauern soll der Gedanke an die lange Trennung ausgesprochen werden.

Und so hat das Volk auch an der doppelten Verneinung: „kein — nicht" festgehalten, obwohl für die Schriftsprache schon im 16. Jahrhundert der Begriff von „irgend welcher" in „kein" verloren ging und der von nullus zur Herrschaft gelangte.

Selbst unsere Schriftsteller und Dichter der „classischen Periode" sind nicht frei von diesen volksthümlichen Pleonasmen, weil sie aus der Unmittelbarkeit ihres Sprachgefühls und der Sitte des überkommenen Sprachgebrauchs heraus schrieben und dichteten. „Sink' ich einst in jenen Schlummer, aus dem Keiner nicht erwacht", begann Klopstock sein Abendlied. Man verbesserte dann später und die jetzige Lesart ist: Aus dem Keiner je erwacht. In Lessings Laokoon treffen wir noch: „Keinen wirklichen Nebel sah Achilles nicht." In Schillers Wallenstein: „Alles ist Partei und nirgends kein Richter!" Goethe läßt im Faust Gretchen sagen: „Man sieht, daß er an nichts keinen Antheil nimmt" und Martha sagt ebend.: „Es ist, als hätte Niemand nichts zu treiben und nichts zu schaffen, als auf des Nachbarn Schritt und Tritt zu wachen."

So spielt man Schelm und Bösewicht
Und hat davon kein' Aber nicht!

heißt es im Jahrmarkt zu Plundersweilen.

Daß unsere jetzige Schriftsprache sich dieser doppelten Verneinung entledigt hat, ist übrigens kein Schade, denn je einfacher und kürzer der Ausdruck und je bestimmter der Sinn, um so besser. Zur Verstärkung der Verneinung stehen uns Hülfsmittel genug zu Gebote, z. B. durchaus nicht, auf keinen Fall, schlechterdings nicht; er weicht kein Haar breit von der Regel; ich kann das auf den Tod nicht leiden; da fragt kein Kuckuk nach einem [Immermanns Münchhausen], es darf kein Tüttlein daran fehlen. Dieses „Tüttlein" ist bekanntlich im Französischen eine sehr kräftige Verneinung geworden: ne—point.

Wir finden es logisch richtiger, nach dem Comparativ die Negation fortzulassen: Er hat sich klüger benommen, als ich dachte. Der Franzose sagt: als ich nicht dachte. Seiner Sprachlogik liegt die Anschauung zu Grunde: Ich dachte nicht, daß er sich so klug benehmen würde. Unsere Vorfahren setzten nach dem Comparativ getrost „kein", nach der historischen Entwickelung des Wortes war das eigentlich selbstverständlich. „Das Wort Gottes ist schärfer denn kein zweischneidig Schwert" (Ebr. 4, 12). „Sintemal er mich besser kenne, als sonst kein Mensch" (Simplicissimus). Ebenso wurden die übrigen Negationen gesetzt, zum Theil noch bei unsern Classikern. „Wir müssen das Werk weiter fördern, als es in Jahren nicht gedieh", heißt es in Schillers Wallenstein (Piccolomini 3, 1). „Wir schweben in diesem Augenblicke in größerer Gefahr, als ihr alle nicht seht", heißt es bei Goethe. (Ihr seht nicht, in wie großer Gefahr wir schweben.)

Daß hier gallisch-romanische und germanische Anschauung übereinstimmen, ist aus der Sache selber, dem gleichen sprachlichen Bedürfniß zu erklären und nicht aus „einer Nachäffung des Französischen" deutscher Seits; das Verneinungswort im abhängigen Satze verstärkt da den Comparativ im Hauptsatze, hilft ihn bejahen.

Noch immer bedienen wir uns der Verneinungspartikel als eines rhetorischen Mittels für die Bejahung und zwar nicht bloß in Ausrufen, sondern auch in Wunsch-, Bedingungs- und Fragesätzen „Was du dir nicht Alles einbildest!" (d. h. du bildest dir doch recht viel ein!). „Was gäb' ich nicht darum, wenn ich die Reise noch einmal machen könnte!" (Ich gäbe viel darum.) „Wie viel nützt mir nicht ein bischen Studium der Natur" (Goethe, Ital. Reise). „Was man nicht Alles für Leute kennt!" (Schiller

Wallensteins Lager). „Wie Viele, die eine Krone getragen, haben nicht offen gestanden, sie sei eine schwere Last!" (Giesebrecht, Gesch. d. Kaiserz. I, 227). „Bist du nicht der rüstige Adler, der täglich von der Rechte[n] des Zeus auf diese Eiche herabkommt, mich Armen zu speisen?" „Sehe ich denn nicht in der siegreichen Klaue die erflehte Gabe?" (Lessing, Der Rabe und der Fuchs). „Muß nicht der Mensch immer im Streit sein auf Erden?" (Hiob 7, 1). „Was vermag nicht Eine Stunde?" (Schiller, Wallensteins Tod V, 6). „Ob es nicht zum Wesen eines großen Reichs gehört, entgegengesetzte Bekenntnisse ... gewähren zu lassen, wäre erst die Frage." (Der Geschichtschreiber will sie bejahend beantwortet wissen und dazu dient ihm das „nicht" im Nebensatze.)

Ebenso wird die Position dem Sinne nach verstärkt durch das Verneinungswort im Nebensatze, wenn der Hauptsatz schon eine Verneinung hat.

„Es wird sich **Niemand** überreden wollen, daß sie **nicht** mit dem politischen Traktat im nächsten Zusammenhang gestanden haben."
(Ranke, Die r. Päpste.)

Hat der eine Verneinung tragende Nebensatz wieder einen von ihm abhängenden Nebensatz, so gilt dasselbe.

„Sie gelobten einander, sich **nicht** zu unterwerfen, bis **nicht** der unterste Stein zu oberst gekommen wäre."
(Ranke, D. Gesch. i. Z. d. Ref.)

In Lessings Nathan spricht die kniende Recha zu Saladin (V, 7): Ich stehe nicht eher auf, ehe er mir nicht verspricht....

Da unser „ohne" bereits verneint, so wird, wenn der Hauptsatz ein „nie", „kein" ꝛc. enthält, durch ein hinzugefügtes „nicht" die Position des Nebensatzes zum Ausdruck gebracht.

Denn wie in der Natur alle Phänomene ..... unzertrennlich verbunden sind: so auch in der Malerei. Man kann in **keiner** den geringsten Fehler begehen, **ohne** daß sie **nicht** zugleich alle zweideutig und falsch werden.
(Lessing, im 10. der Br. antiqu. Inh.)

Nie habe ich mich bei hellem Wetter auf einem Gipfel der Allgäuer Alpen umgesehen, **ohne** daß ich **nicht** dem, was ich im Augenblicke genossen, den Vorzug gegeben hätte.
(Otto Sendtner: Aus den Allg. Alpen, in der Beil. der A. A. Z. 1853, 1. Sept.)

Solche Sätze ohne Weiteres auf den Index der Sprachfehler setzen zu wollen, heißt den Entwickelungsgang unseres Sprachgebrauchs ganz verkennen. Ein Anderes ist's, wenn man zu verneinenden Verben, wie leugnen, in Abrede stellen, verneinen, auch zweifeln ꝛc. im Hauptsatze noch eine Negation setzt. Diese verwandelt den verneinenden Sinn des Verbs in einen bejahenden. Ist dieß nicht beabsichtigt, so ist das „nicht" des Nebensatzes in der That ganz überflüssig. „Ich leugne nicht," sagt Lessing, „daß Soliman nicht wirklich sein könnte" — sollte heißen: Ich behaupte nicht, daß Soliman nicht wirklich sein könnte. Oder aber müßte gesagt werden: Ich leugne nicht, daß Soliman wirklich sein könnte. Der Satz gewinnt einen ganz andern Sinn, wenn gesagt wird: Sie leugnete nicht, daß sie nicht daran gedacht habe — und: Sie leugnete, daß sie nicht daran gedacht habe. Ebenso wäre je nachdem zu unterscheiden zwischen den beiden Sätzen: Sie leugnete, daß sie niemals daran gedacht habe — und: sie leugnete, daß sie jemals daran gedacht habe. Wenn Soltau in seiner Uebersetzung des Dekameron (I, 150) schreibt: „Ich zweifle keinen Augenblick, daß du nicht glaubst, die Wahrheit zu sagen", so ist die Zweideutigkeit nicht zu verkennen, daß man den Angeredeten im Verdacht habe, die Wahrheit absichtlich nicht gesagt zu haben. Im Zusammenhange der Rede und der Situation verschwindet jedoch der Doppelsinn, und wenn z. B. Tell zu seiner Hedwig sagt (III, 1): „Verhüt' es Gott, daß ich nicht Hülfe brauche!" so kommt kein Hörer oder Leser des Dramas auf den Gedanken, daß Tell sich nach Hülfe sehne.

Wenn der Logiker darauf besteht, zu sagen: Ich wollte verhindern, daß er in den Abgrund stürzte — weil er eben den Sturz habe verhindern wollen, so hat er von seinem Standpunkte recht. Dagegen wird der Sprechende, der nicht reflectirt und Begriffe zergliedert, sondern von seiner Empfindung aus, dem affectvollen Moment sich hingebend, spricht, hervorheben: daß er das Nichtfallen, das „nicht in den Abgrund stürzen" gewollt, beabsichtigt habe. Alles, was er positiv zu diesem Zwecke that und was in dem negativen Verb: „verhindern" angedeutet ist, ging darauf hinaus, daß der Strauchelnde nicht stürzen möchte. „Fall' nicht!" rufen wir dem von der Gefahr des Fallens Bedrohten zu.

> Alles, was ich zu thun habe, ist zu verhindern, daß sie nicht gestört werden. (Lessing, Em. Galotti III, 5.)

> Wir konnten sie nicht mehr zurückhalten, daß sie nicht nachsprang. (Schiller, Fiesko III, 13.)

> Wird das hindern können, daß man sie nicht schlachtet? (Goethe, Iphigenie V, 1.)

Fragend: Wird man sie nicht schlachten? Wird man sie am Ende nicht doch noch schlachten?

Ich will mit diesen Bemerkungen keineswegs für die Erhaltung des pleonastischen „nicht" in die Schranken treten, sondern nur die grammatischen Heißsporne, die bei jeder Verdoppelung der Negation einen Sprachfehler wittern, daran erinnern, daß ein Unterschied zwischen dem pleonastischen und dem logisch-bedeutsamen „nicht" zu machen sei und daß es durchaus im Geist unserer Sprache liege, durch Verdoppelung der Verneinungswörter die Bejahung zu verstärken. Wer die Sprache nur logisch construiren und beurtheilen will, der muß es auch dem Cäsar und Cicero als „Sprachfehler" anrechnen, und allen römischen Autoren zum Vorwurf machen, daß sie als verständige „Denker" sich nicht über den Sprachgebrauch ihres Volks erhoben haben und mit diesem sagen: timeo, ut veniat (wo wir sagen: ich fürchte, daß er nicht kommt) und timeo, ne veniat (ich fürchte, daß er kommt).

Aus demselben Bedürfniß, den Ausdruck zu verstärken, ist auch die Verdoppelung des Superlativs hervorgegangen, die (vom logischen Standpunkte) eben so wenig als die Verdoppelung der Verneinung zu entschuldigen ist. Eine „möglichst schnelle" Beförderung sagt dasselbe wie eine „möglichst schnellste" Beförderung. „Dieses Unternehmen gab uns Gelegenheit zu dem größtmöglichsten Zeitverderb." (Goethe, W. u. D.)

> Es kann also nur so zu verstehen sein, daß die geistigen Eigenschaften eine geistige Harmonie und gegenseitige Anziehung hervorrufen, welche auf bewußten Grundlagen ruht und für das künftige Zusammenleben das größtmöglichste Glück verspricht.
> (E. v. Hartmann, Philosophie d. Unbewußten.)

Derselbe Ueberfluß bei der Verdoppelung des Comparativ:

> Nichts ist geeigneter, die Zustände jenseits des Oceans treffender zu illustriren 2c.
> (Die Corruption in den Ver. St. Ausl. 1574, 16.)

Ganz überflüssig ist auch das „sehr" vor dem einen Comparativ verstärkenden „viel":

> Reden mit dem Dativ ist sehr viel seltner —
> (A. Brandstätter, Die Gallicismen.)

Das „viel seltener" wäre vollkommen genügend.

Was nichts bedeutet, kann nicht noch viel mehr nichts bedeuten, und so ist es eine Tautologie, wenn Bog. Golz (Des Menschen Dasein, I) sagt:

> Man spricht das Nichtsbedeutendste.

7.

Es begegnet dem „Volke der Denker" nicht selten, daß bevor noch ein gesprochener oder geschriebener Satz zu Ende gebracht ist, die begonnene Construction verlassen und in eine ganz andere übergeführt wird (Anakoluthie); oder daß eine Redefigur, ein Bild nicht ausgeführt wird, weil ein ganz anderes sich in das Bewußtsein drängt (Katachrese).

Von Agassiz heißt es in der oben angeführten Abhandlung (Ausl. 1874, 7):

> Da tauchte der Wunsch, Brasilien zu sehen, wieder in den Vordergrund.

Wie aus dem Grunde des Meers ein bis dahin verborgener Gegenstand sich erhebt und sichtbar wird: so kann auch aus dem Seelengrunde eine Vorstellung, ein Gedanke, Wunsch sich erheben und in das Licht des Bewußtseins treten. Oder wenn man das Bild eines Schauplatzes, einer Bühne wählt, so kann sich eine Vorstellung aus dem dunkeln Hintergrunde in den lichten Vordergrund (des Bewußtseins) drängen, hervorarbeiten. In vorstehendem Satze ist das Prädicat dem ersten, seine adverbiale Bestimmung dem zweiten Anschauungskreise entnommen.

Das Vergreifen im Ausdruck beruht zumeist auf solchen Katachresen. Aber auch wo keine bildliche Rede gewählt ist, schiebt sich leicht ein Hauptwort oder Zeitwort an die Stelle eines anderen, das nach dem Sprachgebrauch mit dem in Rede stehenden Zeitwort oder Hauptwort verbunden werden sollte. Wir „erweisen" eine Gefälligkeit, „erzeigen" Freundschaft, „gewähren", „verschaffen", „bereiten" oder „machen" Andern ein Vergnügen.

> „Erzeigen Sie mir heute das Vergnügen, Sie Mittags zu Tisch bei mir zu sehen"

schreibt Goethe an Schiller.

Was sich zeigt, muß selbstverständlich zu Tage kommen. Uns würde es heutzutage kaum begegnen, zu schreiben:

> Die Neigung zum Absurden, die sich frei und unbewunden bei der Jugend zu Tage zeigt. (Goethe, W. u. D.)

In der Adreßdebatte des bayer'schen Abgeordnetenhauses (13. Oct. 1875) spricht Cultusminister Lutz in längerer Rede:

> Wenn es sich um eine Wahl gehandelt hätte bei normalen Zeitläuften, wenn es sich darum **fragen würde**, daß das Volk in ruhiger besonnener Ueberlegung seine Ansichten ausspricht 2c.

An einer andern Stelle heißt es:

Daraus hätte man glauben sollen, es handle sich lediglich darum 2c.; wir können nur sagen: **daraus schließen, folgern.**

> Juarez, dessen zähe Ausdauer der Republik wieder zum Siege und **ihn selbst** wieder an die Spitze derselben **führte** — (Die Corruption in den V. St. Ausl. 1874, 16.)

— sollte heißen: dessen zähe Ausdauer der Republik wieder zum Siege verhalf und ihn selbst an die Spitze derselben führte.

> Der reich servirte Tisch prangte in jener malerischen Unordnung des Silbers und Krystalls, zerstörter Fruchtpyramiden, entkorkter Champagnerflaschen in Eiskübeln, jener Unordnung, über welche das **befriedigte Auge** so gerne hinschweift, den duftigen Kaffee vor sich und die wohlriechende Havannah im Munde. — (F. W. Hackländer, Erlebnisse, II.)

Sprachlich hat in diesem Satze „das befriedigte Auge" die wohlriechende Havannah-Cigarre im Munde!

> Das Haus liegt für eine solche Wirthschaft besonders günstig, denn die großen Straßen aus aller Welt Richtung kreuzen daran vorüber. (W. Jensen, Wilh. v. Grumbach — Deutsche Rundschau 1875, 11.)

— soll heißen: die großen Straßen führen, sich kreuzend, daran vorüber.

Da das Denken viel schneller vor sich geht, als das Schreiben, ja auch als das Sprechen: so überholt und überrumpelt nicht selten der Gedanke den Ausdruck. Das ist unseren größten Denkern und besten Schriftstellern begegnet. Namentlich wird leicht ein Hauptwort, das im Satze nur in Zusammensetzung mit einem andern vorkommt (Weltbau, Weinjahr, Wolfsjagd), in Gedanken abgelöst und so behandelt, als wäre es selbständig vorhanden (Welt — Jahr — Wolf).

> Die Dauer eines **Weltbaues** hat durch die Vortrefflichkeit **ihrer** Einrichtung eine Beständigkeit in sich, die unseren Begriffen nach einer unendlichen Dauer nahe kommt. (Kant, Allg. N. Gesch. u. Theorie des Himmels.)

> Heute ist der König auf der **Wolfsjagd**, man hofft, wenigstens **fünfe** zu erlegen. (Goethe, Ital. Reise.)

> Sie zog mich vor, wie ich den Hut aufhatte. (Warum behält
> er den Hut auf?) Hat er sich beschädigt? — „Nein," sagte sie,
> indem sie mich in die Stube führte, „aber er hat eine **Vogel-
> hecke** darunter, die möchten hervorfliegen und einen ver-
> teufelten Spul machen." (Goethe, W. u. D.)
>
> Es gibt, im **Menschenleben** Augenblicke, wo er dem Welt-
> geist näher ist, als sonst. (Schiller, Wallenstein.)
>
> — die das **Bärenfell** verlaufen, ehe sie ihn gefangen
> haben. (Schiller, s. W. 1089, Ia.)
>
> Man sagt, daß **Weinjahre** jedes eilfte wiederkehren.
> (J. Grimm, Rede auf Schiller.)

An Anakoluthien ist Goethe, der sich gern einer gewissen Lässigkeit und Bequemlichkeit überließ, besonders reich. — Ich will aus „Wahrheit und Dichtung" einige anführen.

> Je mehr aber um des wachsenden Geschäftskreises willen,
> den ich aus Liebe zu ihr zu erweitern und zu beherrschen
> trachtete, meine Besuche in Offenbach sparsamer wurden und
> dadurch eine gewisse peinliche Verlegenheit hervorbringen mußten,
> so ließ sich wohl bemerken, daß man eigentlich um der Zukunft
> willen das Gegenwärtige hintansetze und verliere.
>
> Die Frau Markgräfin, in Künsten und mancherlei guten Kennt-
> nissen thätig und bewandert, wollte auch mit anmuthigen Reden
> eine gewisse Theilnahme beweisen; wogegen wir uns zwar dank-
> bar verhielten, konnten aber doch zu Hause ihre schlechte
> Papierfabrikation und Begünstigung des Nachdruckers Macklot
> nicht ungeneckt lassen.

Nach einleitendem „daß", welches Bindewort die ihm unterstellten Sätze zu abhängigen Satzgliedern macht, entwickeln sich diese oft so reich, daß ein selbständiger Hauptsatz daraus hervorgeht, der die Conjunction ganz zurückdrängt. So die bekannte Periode im Drama „Die Aufgeregten" —

> Aber ich will ihnen zeigen: daß wer einen rechten Seifen-
> schaum zu schlagen weiß, wer mit Leichtigkeit, Bequemlichkeit und
> Gewandtheit der Finger einzuseifen, den sprödesten Bart zahm
> zu machen versteht; wer da weiß, daß ein gut abgezogenes Messer
> ebenso gut rauft als ein stumpfes; wer mit dem Strich oder wider
> den Strich die Haare wegnimmt, als wären sie gar nicht da-
> gewesen; wer dem warmen Wasser zum Abwaschen die gehörige
> Temperatur verleiht und selbst das Abtrocknen mit Gefälligkeit
> verrichtet und in seinem ganzen Benehmen etwas Zierliches dar-
> stellt: das ist kein gemeiner Mensch, sondern er muß alle
> Eigenschaften besitzen, die einem Minister Ehre machen.

Wir wiederholen in solchem Falle das anfängliche Bindewort mit dem Zusatz „ich sage" oder „sag' ich"; da aber in vorstehender Periode die beigeordneten Nebensätze auch einen solchen in ihrer Mitte haben, der wiederum ein „daß" mit einem Nebensatze enthält und da im Nachsatze die Conjunction „daß" mit dem Demonstrativpronomen „das" zusammentreffen würde: so wäre eine

Wiederholung nicht ohne Härte. Auch macht das Goethe'sche Satzgefüge so, wie es eben ist, trotz seiner Unregelmäßigkeit, doch einen gefälligen Eindruck. Die Conjunction „daß" gleicht einem provisorischen Verbande, der bald wieder beseitigt wird; der Nebensatz stellt sich wie ein unabhängiger Hauptsatz auf eigene Füße oder wird so behandelt, als ob er die Periode begänne. In Goethe's Wanderjahren schreibt Hersilie an Wilhelm:

> Wo es Sie aber auch antreffen mag, lautet meine Rede dahin, daß wenn Sie nach gelesenem diesem Blatt, nicht gleich vom Sitze aufspringen und, als frommer Wanderer, sich eilig bei mir einstellen, so erklär' ich Sie für den männlichsten aller Männer ꝛc.

In gleicher Weise wird „und" gebraucht:

> Er war aber einer von Denen, die schwer zu befriedigen sind und, wenn sie zufälligerweise sich auf Etwas werfen, das ihnen gefällt, so malen sie sich's nachher so trefflich in ihrem Gehirn aus ꝛc.
> (Goethe, Wahlverwandtschaften.)

Nach dem Relativpronomen:

> Sie hatten, um diese Gesinnungen zu behaupten, ein unendliches Detail anzuführen, welches ich nicht zu leugnen wußte, und nach und nach die unbedingte Verehrung erkalten fühlte, die ich diesem merkwürdigen Fürsten von Jugend auf gewidmet hatte.
> (Wahrheit u. D.)

> Ich erinnere mich auch recht gut mehrerer unserer Freunde, denen ich mich nicht schämte durch eine Arbeit zu gefallen, und mich doch sehr hüten würde, ihnen Rechenschaft von ihrem Gefühl abzufordern. (Schiller an Goethe, 30. Jul. 1799.)

Deßgleichen nach „wozu":

> — wozu ich von Herzen Glück wünsche und bald mehr zu sehen hoffe. (Goethe an Schiller, Briefw.)

Es gehört dahin auch der Gebrauch des „und", wo nichts anzureihen ist, vielmehr ein „daß" oder ein „Infinitiv mit zu" die Abhängigkeit des Nebensatzes bezeichnen sollte.

> Wollen Sie die Güte haben und mir zwei Zeilen an T. mitgeben —

schreibt Schiller an Goethe.

In ähnlicher Weise wird „als ob" gesetzt, um den Inhalt des Nebensatzes als nicht wirklich hinzustellen: Es fällt Niemandem ein zu glauben, als ob damit etwas gewonnen sei. Oder noch kürzer und bedenklicher:

> Es fällt Niemandem ein, als ob dadurch etwas verloren sei. —
> (Goethe an Schiller.)

Ohne jedem Anakoluth und solchen Freiheiten der Ellipse, wie sie in dem zuletzt angeführten Goethe'schen Satze vorkommen, das Wort reden zu wollen, darf ich doch nicht unterlassen, hier auf Inversionen hinzuweisen, welche durchaus nicht als Sprachfehler zu bezeichnen sind. Nach „obgleich" sollte der Nachsatz nicht die Wortfolge eines Hauptsatzes haben: Obgleich ich ihm den Schritt widerrathen habe, so hat er ihn doch gethan. Wir finden da oft: er hat ihn doch gethan. Oder nach englischer Weise:

Ich finde, sie hat Recht. (Schiller, Wallenstein.)

— der Nebensatz erscheint in der Form des Hauptsatzes.

Wenn das wäre, ich müßte (statt so müßte ich) ein dummer Teufel sein, wenn ich gegen sie damit prahlen wollte.
(Lessing, Der Jude.)

Zeigt sich mir ein Mittel, meiner Grundsätze unbeschabet zu bleiben, ich werde es mit Freuden ergreifen.
(Uhland an Varnhagen.)

„Und" gehört zu den Bindewörtern, nach welchen die erzählende Wortfolge des Satzes unverändert bleibt, d. h. das Subject dem Prädicat vorausgeht. Nach „auch" tritt das Prädicat voran (und er sagte mir — auch sagte er mir), doch finden sich auch hier Fälle, wo nach „und" eine versetzte Wortfolge eintritt, nämlich da, wo „und" den verstärkenden Sinn von „auch", „und zwar" gewinnt, oder ein „es" bei dem Prädicat des angereihten Satzes zu ergänzen ist.

Der Name „Tauern" klingt sehr geheimnißvoll und ist auch schon Manches über ihn geschrieben worden.
(L. Steub, Drei Sommer in Tyrol.)

— elliptisch für: und es ist auch schon Manches 2c.

G. Keller hat unter der Ueberschrift „fehlerhafte Inversion" eine Reihe von Sätzen aufgeführt, namentlich aus Joh. Scherrs: Blücher, z. B.:

Es gehörte von da ab mit zur russischen Politik, und werden wir seiner Zeit darüber ein naives Bekenntniß vernehmen.

— welche durchaus nicht mehr unter die Sprachfehler zu rechnen sind. Dieser Gebrauch des „und", im Kanzleistyl längst heimisch, hat sich in unserem Schriftdeutsch ein nicht mehr anzufechtendes Bürgerrecht erworben. Dasselbe gilt von dem Gebrauch des „ob" nach dem Verb und noch häufiger vor dem Verb „bezweifeln", d. h. wenn gedachtes Bindewort den Satz beginnt. Streng genommen muß gesagt werden: „Ich zweifle, ob seine Kräfte ausreichen werden — ich bezweifle, daß seine Kräfte ausreichen werden." Steht aber „bezweifeln" im Nachsatz und ist der Vordersatz länger, dann wird gern mit „ob" begonnen, um von vornherein den Zweifel anzudeuten.

Es ist ein großer Staatsmann, der ihn (den Census) bei uns aufgehoben hat; aber ob die Einführung des allgemeinen Stimmrechts einst von der Geschichte zu den Titeln seiner Größe gerechnet werden wird, muß ich bezweifeln.
(D. Strauß, Der alte und der neue Gl.)

Doch auch nach „bezweifeln" wird jetzt häufig „ob" gesetzt, wie nach „zweifeln".

> Vom rein fachwissenschaftlichen Standpunkte kann man es bezweifeln, ob Homann ebenbürtig sei, gleich einem Mercator und Cassini an die Spitze einer Epoche gestellt zu werden.
> (W. H. Riehl, Culturstudien aus 3 Jahrh.)

> Gleichwohl bezweifeln wir, ob die im Entstehen begriffenen jesuitischen Universitäten in Frankreich ihm auf dieses Feld folgen werden. (Dr. Sepp, Das Wessobrunner Gebet —
> Beil. b. A. A. Z. 1875, 2. Okt.)

Früher ward „ob" auch bei dem einfachen „zweifeln" voran gestellt, z. B.:

> Ob ich sie noch im Manuscript zu lesen bekomme, zweifle ich, da ich mit Schützen seit einiger Zeit weniger Verkehr habe.
> (Schiller an Goethe, 25. Dez. 1795.)

Wir können (in elliptischem Ausruf) den Wunsch in Form des Konditionals ausdrücken: Wenn er doch käme! Im Satze muß jedoch das Verb „wünschen" das Bindewort „daß" — nicht „wenn" — bei sich haben.

> Zu wünschen wäre, was schon bei der früheren Beurtheilung hervorgehoben ist, wenn der Verf. der historischen Entwickelung der Sprache größere Beachtung geschenkt hätte.
> (Dr. H. O. Zimmermann — Pädag. Jahresbericht 1872.)

In allen o. a. „Unregelmäßigkeiten" leidet der Sinn des Satzes durchaus nicht; ist doch die Anwendung der Konjunction „ob" und sogar der Gebrauch des „wenn" aus dem Bedürfniß hervorgegangen, den Zweifel und Wunsch noch stärker hervorzuheben, als durch die Konjunction „daß" geschehen könnte. Dagegen wird oft und leicht der Sinn verdunkelt und der Gedanke leicht unklar, wenn der Sprechende oder Schreibende sich der Satzverkürzungen bedient. Nach den Worten „glauben" „hoffen" „wünschen" lassen wir, anstatt des mit „daß" construirten Nebensatzes, gern den Infinitiv mit „zu" folgen. „Ich hoffe, Sie heute noch bei mir zu sehen". „Ich wünschte, ihn gar nicht gesehen zu haben". Wo das Subject des regierenden Satzes mit dem des elliptischen Nebensatzes identisch ist, wie in den angeführten Sätzen, ist die Sache einfach genug. Deßgleichen wenn das Subject der Ellipse sich als Hauptwort im übergeordneten Satze findet. „Es schmerzt ihn, zwei von seinen Söhnen zu kränken" (Lessing, Nathan). „Ihnen steht es zu, so zart zu denken (Schiller, Wallenstein). Auch dann noch bleibt der Sinn klar, wenn das Hauptwort oder Fürwort des übergeordneten Satzes elidirt ist. „Doch muß ich bitten, einige Blicke noch auf diese ganz gemeine Welt zu werfen" (Schiller, Wallenstein). Die Gräfin Terzky richtet diese Bitte an Max Piccolomini (ich muß Sie bitten) und es ist kein Zweifel möglich über Denjenigen, der sich diese ganz gemeine Welt näher anschauen soll. Treten wir Morgens in das Eßzimmer und sprechen zu den Anwesenden: „Ich wünsche wohl geruht zu haben!" so werden (logisch) die Angeredeten den Wunsch auf sich beziehen, obwohl er grammatisch auf den Sprechenden geht. Grammatisch fehlerhaft und unbeholfen ist folgender Satz aus Vossens „Luise":

> Schön ist hier auch die Erd' und verdient es, meine Luise, drauf geboren zu sein und vergnügt durch das Leben zu wandeln —

„daß man drauf geboren ist" zu sagen, war für den Bau des Hexameters unräthlich und so gab sich der Dichter einer Verkürzung hin, welche dem Wortlaut nach besagt: „Die Erde verdient es, drauf geboren zu sein."

Aehnlich bei „um zu":

> Die Königin Katharina wurde selbst von ihm verlassen, um sich ganz dem Triumvirate hinzugeben.
> (Schiller, Gesch. d. Unr. in Frankreich.)

Es ist von König Anton von Navarra die Rede, der sich ganz dem Triumvirate hingeben wollte; die Satzverkürzung ist aber hier zweideutig.

Doch auch abgesehen von der Beziehung auf diesen oder jenen Satztheil gibt „um zu" als Bindewort zu allerlei Schwankungen und Willkürlichkeiten Anlaß.

> Die offene Theilnahme, die er mir stets bewiesen hat, ist der einzige Grund, weßhalb ich nicht glaube, daß er mein Vater ist. Er ist klug genug, um, wenn er es wäre, sein Spiel versteckter zu spielen. (Spielhagen, In R. u. Gl.)

— d. h. er würde, wenn er mein Vater wäre, sein Spiel versteckter spielen. „Um" ist da einfach bejahend, aber bedingungsweise. Es hat sich aber auch an die Stelle des viel bestimmteren „als daß" geschoben und gewinnt da einen verneinenden Sinn.

> Die Scene, welche nun folgte, ist zu rührend, um sie zu beschreiben. (J. Möser, Patr. Ph. 1.)

— d. h. ich möchte sie wohl beschreiben, aber ich kann es nicht. Würde ein „nicht" hinzugefügt, so würde „um" wieder bejahenden Sinn erhalten. „Das Thema ist zu einladend, um nicht einen Versuch zu machen, es zu behandeln" — d. h. ich werde den Versuch machen.

> Der Rath war zu dringend und einleuchtend, um nicht befolgt zu werden. (Varnhagen v. Ense, Denkwürdigkeiten 1.)

— d. h. der Rath wurde befolgt.

Ebenso erhält „als daß" bejahenden Sinn durch hinzugefügtes „nicht". In dem Satze: Er sprach zu schnell, als daß ich ihm hätte folgen können — verneint es: ich konnte ihm nicht folgen. Dagegen wird es bejahend in dem Satze: Ich war zu sehr in Noth, als daß ich sein Anerbieten nicht hätte annehmen sollen. (Ich nahm es an.)

Bis an die äußerste Grenze des Möglichen geht der Gebrauch von „um", wenn es anstatt „indem", „wenn" gesetzt wird. In Goethe's „Stella" sagt der Postillion: „Man wird ein ganz andrer Mensch, nur um zuzusehen, wie sie sich liebten" = indem man zusah oder wenn man sah, wie sie 2c.

Völlig überflüssig ist „um" in Sätzen, wie: „Ich habe keine Ursache, um mit meiner Lage unzufrieden zu sein" — „Grund genug, um ihn tödtlich zu hassen."

Die Konjunktion „als" dient zur Bezeichnung der Gleichzeitigkeit zweier Handlungen, „so" ist folgernd und leitet den Nachsatz nach dem bedingenden „wenn" ein, wird aber auch an die Stelle des temporalen „als" gesetzt. „Kaum war ich in's Zimmer getreten, so stürmten Alle auf mich ein" (als Alle auf mich einstürmten).

> Das „Vaterland" meldet Folgendes. In den letzten Tagen des Juni war Se. Hoheit Don Alfonso in Altötting, um vor dem dortigen Gnadenbilde seine Andacht zu verrichten; am zweiten Tage reiste er wieder ab, hatte aber kaum den österreichischen Boden erreicht, so traf telegraphisch der Haftbefehl in Altötting ein.
> (Nationalz. 24. Jun. 1875.)

— sollte heißen: **als der Haftbefehl in Altötting eintraf**.

Man findet auch wohl folgende Wendung:

> Es macht keine wälsche Oper Glück, so laufen auch flugs ihre Weisen in handgerechtem Auszug durch alle Lehrstunden.
> (Riehl, Culturstudien aus 3 Jahrh.)

— statt: Kaum hat eine wälsche Oper Glück gemacht, so 2c. Das „so" wird in diesen Fällen von unseren besten Autoren gebraucht, auch nach „noch" mit der Verneinung:

> Noch war das letzte Wort Sumner's nicht verklungen, so sprang Clemens von Alabama auf 2c.
> (Charles Sumner von H. v. Holst —
> Preuß. Jahrbücher, 1875, 3.)

Dr. Wustmann sagt mit Beziehung auf die Willkür in der Satzbildung: „Nicht wenig trägt zur Steigerung des Uebelstandes die überaus mißliche Thatsache bei, daß die Schriftsteller keines andern Volkes sich so wohl fühlen in einem überschwänglichen Gefühlsnebel, in einem Wolkenhimmel von Gedankenbildern und in räthselhaften Andeutungen." Der Vorwurf ist nicht ganz ungegründet, nur liegt der Hauptgrund doch in unserer Sprache selber, die zu unfest, biegsam und schmiegsam ist und, wie ich schon zu Anfang dieses Schriftchens hervorgehoben, eben deßhalb auch der Willkür größeren Spielraum bietet. Die französischen Schriftsteller sind darum, weil sie klarer und bestimmter schreiben, noch keineswegs auch klarere, schärfere

Denker; sie haben aber den Vortheil, über ein schärfer ausgeprägtes Material zu verfügen, an der leicht und gefällig sich darbietenden Phrase einen sicheren Halt zu haben und des eigenen Denkens im Sprechen und Schreiben mehr überhoben zu sein. K. Wustmann ist ein sehr klarer logischer Kopf; er verfällt aber in dem oben angeführten Satze in den gleichen Fehler, den er den deutschen Schriftstellern vorwirft, nämlich den sprachlich correkten Ausdruck nicht zu treffen. Denn von den Schriftstellern **keines andern Volks** läßt sich schlechterdings nichts aussagen. Er wollte von den deutschen Schriftstellern behaupten, daß sie, wie es bei keinem Schriftsteller eines andern Volks der Fall, sich wohlfühlen in Gefühlsnebeln, und da begegnet ihm das Mißgeschick, die **Schriftsteller keines andern Volks** verantwortlich zu machen.

8.

Werfen wir nun noch einige Blicke auf die Wortfolge als solche, wie sie sich in neuester Zeit gestaltet hat: so wird sich zeigen, daß die frühere Freiheit noch „freier" geworden, d. h. in absolute Willkür übergegangen ist.

Nehmen wir den ersten besten Satz, z. B.:

> Lange droht ihr schon von ferne dem Glück des liebenswürdigen Kindes! (Goethe, Natürl. Tochter.)

Der Sinn des Satzes bleibt der gleiche, wenn wir sagen: Ihr droht schon lange dem Glück des lieben Kindes von ferne! oder: Ihr droht schon lange von ferne dem Glück des lieben Kindes! oder Dem Glück des lieben Kindes droht ihr schon lange von ferne oder, falls die Adverbialbestimmung „von ferne" hervorgehoben werden soll: Von ferne droht ihr schon lange dem Glück des lieben Kindes!

Bekanntlich haben die Poeten ausgedehnteste Freiheit der Wortverschiebung.

> Nicht eures Gelds bedarf's! (Schillers Piccolomini.)

In ungebundener Rede würden wir sagen: Eures Geldes bedarf es nicht — oder: Es bedarf nicht eures Geldes! Da der Romanschreiber wenigstens ein Halbbruder des Dichters ist und der letztere die Inversion liebt (oft nothgedrungen liebt wegen des Rhythmus und Reimes): so sucht jener seiner Prosa durch ungewöhnliche Wortstellung ein poetisches Kleid anzuziehen. Die gemeine Prosa stellt im erzählenden Satz das Subject voran, läßt das Prädicat folgen und schließt mit der adverbialen Bestimmung desselben: Ihr kommt spät. Der Dichter sagt: Spät kommt ihr! Um bei dem oben angezogenen Beispiele aus Schillers Wallenstein: Nicht eures Gelds bedarf's! zu bleiben, so brauche

ich den Schillerkenner nicht daran zu erinnern, daß der Dichter mit auffallender Vorliebe das „nicht" an die Spitze des Verses stellt:
Nicht ihren Wundern, ihren Augen glaub' ich —
Nicht ihrer Schwelle brauchst du dich zu nah'n —
Nicht wohlanständig wär' mir's, die Verwandte in Mangel und in Schmach
            zu sehen, —
Nicht schämt' ich der kleinen Dienste mich ꝛc.

    G. Freytag wählt dieselbe Wortstellung; z. B. in „Ingo und Ingraban":
Nicht thut es noth, das Zeichen zu suchen —
Nicht weiß ich, ob sie euch Freude bereitet oder Trauer —
Nicht weiß ich, ob er's that —
Nicht ehrenwerth dünkt mir solche Rede —
Nicht Jeder gibt die Antwort —
Ich wußte wohl, nicht läßt sich bergen ꝛc. —

    Das ist licentia poëtica. Sie hat aber ihre Grenze und sehen wir uns die Stellung der Verneinungspartikel in prosaischer Rede etwas näher an, so ergibt sich, daß wir selbige in nicht wenigen Fällen auch ungerechtfertigter Weise zurückdrängen. Wird die Negation zu weit hinausgeschoben, so verdunkelt sich der Sinn des Satzes, da man nicht weiß, ob die Behauptung verneinend oder am Ende doch noch bejahend ausfallen wird. In amtlichen Erlassen heißt es z. B.: Wir müssen gestehen, daß wir in der schlechten Ernte, in der zunehmenden Theuerung ꝛc. einen triftigen Grund der Unzufriedenheit — nicht finden können. Es sollte heißen: keinen triftigen Grund finden können. Die Neigung, das Verneinungswort unmittelbar vor das verbum finitum zu stellen, macht sich auch in kürzeren Sätzen geltend, so daß man jetzt überall zu hören oder zu lesen bekommt: „Seine frühere Kraft und Frische hat bedeutend nicht abgenommen" — statt: hat nicht bedeutend abgenommen. In dem Erkenntniß des Berliner Obertribunals vom 20. Octbr. 1875 (gegen die Nichtigkeitsbeschwerde des Grafen Arnim) heißt es: „Dieser Angriff kann für begründet nicht erachtet werden." Das „Erachten" ist aber gar nicht zu negiren, es handelt sich darum, ob begründet oder nicht begründet. Der Württemb. Staatsanzeiger (2. Oct. 1875) meldete: „Hofrath von Seckendorf... ist so schwer verletzt worden, daß Hoffnung auf Rettung seines Lebens nicht vorhanden ist." Noch vor einigen Jahrzehnten würde man gemeldet haben: „daß keine Hoffnung auf Rettung seines Lebens vorhanden ist." Da uns, nachdem wir das doppelte „kein — nicht" beseitigt haben, auch das „kein" fast fremd geworden und die doppelte Verneinung „nie — nicht" anstößig geworden ist, so hinkt nun das einfache „nicht" wie ein lahmer Nachzügler nach.

    Und an diesem Priester der Musen habe ich etwas Unreines
  nie entdecken können—

schreibt Ab. Rümelin in der „Gartenlaube" 1875, 29 über Ed. Mörike. Es sollte heißen: „An diesem Priester der Musen habe ich **nie etwas Unreines entdecken können.**" Denn es soll ja nicht sowohl das „Entdecken" verneint werden, als vielmehr das „Unreine" — ich habe nichts Unreines an ihm gefunden.

„**Jedenfalls confessionslos ist ein solcher Staat nicht**" so schließt eine Abhandlung: „Der confessionslose Staat" in der A. A. Z. vom 15. Juli 1875. Es sollte heißen: Jedenfalls ist ein solcher Staat **nicht** confessionslos. Oder auch: **Keinen Falls** ist ein solcher Staat confessionslos. Uebrigens treffen wir schon bei unseren Klassikern ähnliche Verschiebungen der Negation, z. B. bei Lessing (Anti=Goeze VII): „Sollte ich wirklich umgeschlagen sein, seitdem ich **die nämliche Luft mit ihm nicht mehr** athme?" (statt: seitdem ich nicht mehr die nämliche Luft mit ihm athme). „**Von einer Verbindung schien gar die Rede nicht mehr zu sein.**" (Goethe, Wilh. M.'s Lehrj.) Volksthümlicher wäre: gar keine Rede. Oder: Von einer Verbindung schien gar nicht mehr die Rede zu sein.

„Dieses Schreiben, in welchem man mit Vergnügen die Sprache **nicht** wiederfindet, welche ein Herzog Alba zehn Jahre vorher zc. zu führen pflegte." (Schiller, Abfall b. Niederl.)

„Unvermeidlich war der Untergang dieser blühenden Handelsstadt, wenn Karl V. durch die Vorstellung der Statthalterei überführt, diesen gefährlichen Anschlag **nicht** hätte fallen lassen."
(Ebendas.)

Warum nicht „wenn nicht" beisammen halten wie der Lateiner sein nisi?

Auch die Gradbestimmungs=Wörter: gar, viel, weit, ungefähr zc. lassen wie die Verneinungspartikeln hinsichtlich ihrer Stellung eine gewisse Freiheit zu. Wir sagen gegenwärtig: ein gar großes Haus! Früher war sehr gebräuchlich: „gar ein großes Haus" zu sagen. „Ich bin so gar ein armer Mann" (L. Uhland) — es tritt da freilich eine Collission ein mit dem Adverb „sogar". Außer Gebrauch gekommen sind Voranstellungen des adverbialen „viel" „weit": „Doch halt, mir fällt noch **viel** was Bess'res ein" (Lessing, Nathan). „Hätte Prometheus seinen Menschen Flügel gegeben, **weit** einen größern Schaden hätte er seinen Göttern gethan." (Goethe, Die Vögel nach Aristophanes.) „Dieser Mann, **weit** unter dem in der vermessensten Stunde meiner Eigenliebe ich mich immer in Allem gefühlt zc." (Lessing an Wieland.)

Wir wiederholen auch nicht mehr das Beschaffenheitswort: „Der unsre Geister **ebenso schnell** sinken läßt, als schnell er sie erhoben" zc. (Lessing.)

Die Composita von „da": daran, davor, dafür zc. werden in der volksthümlichen Sprache gern getrennt: „Da behüte uns

Gott vor" (statt: davor behüte uns Gott). „Da sei Gott vor" „Da liegt nichts an" (Luther) statt: daran liegt nichts. „Verlorne Liebe, wo ist da Ersatz für?" (Goethes Stella.) „Und wo du willst, daß man dich hin begrabe." (Schiller, W.'s Tod.) Solche Trennungen sind in unserer Zeit außer Gebrauch gekommen.

Wir gehen sogar damit um, die Abscheidung zwischen Präposition und Verb in den zusammengesetzten Verben aufzuheben, kommen jedoch mit diesem Streben in die seltsamsten Bedrängnisse und Verlegenheiten. Es ist freilich nicht abzusehen, warum wir im Infinitiv und Partizip „anerkennen, anerkennend, anerkannt" Alles beisammen lassen, aber im Präsens und Imperfect das Vorwort wieder ablösen. Und doch widerstrebt es unserem Sprachgefühle, die vollwichtigen Verhältnißwörter wie: an, vor, auf, bei 2c. mit den bloßen Vorsylben „vor", „be", „ant", „ent" 2c. auf Eine Stufe zu stellen. „Ich verspreche", aber: „ich spreche vor", „ich a n t worte", aber: „ich schaue an". Freilich sagen wir auch: „ich setze über" — und ich „übersetze", „ich fahre über" und „ich überfahre" (Jemand), weil da eben begriffliche Unterschiede obwalten. Wir unterscheiden zwischen unbetonten und betonten Vorwörtern. Aber wenn wir bei abhängiger Rede, im Nebensatze sowohl in der Einzahl, wie in der Mehrheitsform der Gegenwart sagen können: weil ich ihn a n e r k e n n e, — welche Gesetze da o b w a l t e n: warum sollte das directe: ich anerkenne, es obwaltet 2c. so ungereimt sein? Die Anläufe zu der Vereinigung des Getrennten werden von allen Seiten gemacht.

Haben wir seiner universellen Geistesbildung gedacht, so ob - liegt uns jetzt 2c.

schreibt Hub. Beckers in seiner Festrede auf Schelling.

Ab thue auch ich die Gastpflicht.
(G. Freytag, Ingo u. Ingraban.)

Selbst der Unterschied von „überführen" (Jemanden eines Vergehens) und überführen (transportiren) wird verwischt. Sagte man bisher: Man führte ihn über in die Charité — so heißt es in neuester Weise: „Nun überführte man den Grafen auf Grund des Gutachtens der Aerzte in die Charité." (Graf Harry Arnim, Ueber Land und Meer 1874, 6.)

Den Dichtern war wegen des Versmaaßes das Voranstellen der Präposition längst genehm:

Und n i e d e r stürzt dem gegenwärt'gen Gotte
Das gläubig überzeugte Volk 2c. (Schiller, Maria St.)

Auf thut sich der weite Zwinger. (Der Handschuh.)

Aus Finsternissen hell in mir a u f z ü c k t ein Freudenschein.
(Mörike, „Neue Liebe".)

Eine wahre Blumenlese hat v. Schack in seinem auf Sensation (halb ironisch, halb ernst) angelegten Romane „durch alle Wetter" geliefert.

> Aufraffte zuletzt sich dieser —
> Auftauchen Dächer mit den schwarzen Schloten —
> Heimsenden wir mit Spott die Zionswächter —
> Dem Sekundanten nachruft er hastig —
> Anhebt sie … zuletzt anhebt er —
> Einbild' ich mir auf diese Verse viel u. s. w.

Hinwiederum wird, da auch in sprachlichen Dingen der alte Satz „variatio delectat" seine volle Geltung hat, wieder getrennt, was gewöhnlich zusammengehalten wird. Adverbiale Bestimmungen hängen überhaupt nicht so fest mit dem Verb zusammen. Statt: „als wir nach Hause zurückkehrten", läßt sich zur Abwechslung auch sagen: „als wir zurück nach Hause kehrten".

> Die Orgel scholl in vollen Tönen, als wir zurück in die Kirche kehrten ꝛc. (K. Stieler, Erinnerungen aus Metz —
> A. A. Z. 1875, 767.)

Doch hat es sein Gutes, das Bestimmungswort dem Verb so nahe wie möglich zu halten und nicht (bei reicher Ausbildung des Satzes) gar zu spät zu bringen, wie es in folgendem Satze der Fall:

> In den Straßen vom Bahnhof bis zum Kaiserhause stellten sich zwischen der hier aufgepflanzten Tannen-Allee die Krieger-Vereine der Umgegend und von Goslar, die Berg- und Hüttenleute, sowie sämmtliche Vereine und Korporationen auf und bildeten für den kaiserlichen Zug Spalier.
> (Aus Goslar, A. A. Z. 19. Aug.)

Und doch geht es nicht wohl an, das „auf" unmittelbar vor die Präposition „zwischen" zu setzen, ebensowenig wie in folgendem Satze das „ein" vor „in" zu bringen:

> Auch ein Uhu richtet sich in seiner Felsenspalte, in seinem Gemäuerloch, in seinem hohlen Baume seine Wohnung nach Neigung und Geschmack so behaglich als möglich ein.
> (W. Raabe, Das letzte Recht.)

— denn wollte man sagen: Ein Uhu richtet sich ein in seiner Felsenspalte, so würde „sich" zum Object. Zur Rechtfertigung dieser Trennung ist hervorzuheben, daß alle Bestimmungen des Prädicats wie zwischen zwei Klammern festgehalten werden und das Satzgefüge größere Bestimmtheit erhält.

In kürzeren Sätzen verschlägt es weniger, nach bisheriger Weise zu sagen: Die Medaillons stellen bekränzte männliche Köpfe dar — oder, wie jetzt in Aufnahme kommt: „Die Medaillons stellen dar bekränzte männliche Köpfe." Entschiedene Vorzüge gewinnt diese Wortstellung, wenn an das Object sich noch Relativ- und andere Nebensätze anschließen. — Das Voranstellen der adverbialen Bestimmungen des Prädicats scheint auch die Beschreibung poetisch heben, die Schilderung bedeutender machen zu sollen.

Vor dem Hafen liegen zwei Felseninseln und **hinein fährt man** durch eine schmale Straße ꝛc.

Jenes (das Eiland Cephalonia) streckt aus tiefen spiegelnden Buchten **hervor** umbuschtes Vorgebirg ꝛc.

Immer weiter, bis in den entlegensten Horizont hinein, wallten **dahin** die hohen Küstenlinien.

— und in langer starrer Zeile zog sich endlos **dahin** die hohe Schneekette.

Den Bazar trafen wir in voller türkischer Glorie, er**dehnte sich aus** über ein Straßenviertel nach dem andern.

Die romanischen Sprachen haben in dieser Hinsicht Alles einfacher und leichter. Es kommt einem Franzosen gar nicht in den Sinn, sein ex loszureißen von exprimer, wie wir das „aus" ablösen von „ausdrücken", oder seine Hülfszeitwörter hinter das Hauptverb zu stellen, etwa zu sagen statt: lorsque je l'avais vu — lorsque je le vu avais (als ich ihn gesehen hatte). Wie schleppt unser „werden" nach:

Wiederholt mußte in Folge dessen nur Weniges werden.
(Bericht über das Musikfest in Flensburg —
Schwäb. Merkur, 30. Juni 1875.)

In einigen Fällen haben wir die Hülfszeitwörter und auch die sogenannten „hülfsbedürftigen" schon längst vorangestellt, z. B.:

Die Schilderung, die Sie mir von Hartmann machen, läßt mich recht bedauern, daß man ihn in die Welt **muß** hingehen sehen ꝛc.
(Schiller an Goethe.)

Wir freuten uns höchlich, als wir vernahmen, daß er in Büdeburg **sollte** angestellt werden. (Goethe, W. u. D.)

Bei Desert (sic) des ersten Mittagsessens, wo der Wein nicht **war** geschont **worden**. (Ebendas.)

Aber schon fremdartiger muthet's uns an, wenn Wilh. Grimm im (Relativnebensatz) statt: „welches ... gestellt worden ist", sagt: welches ist gestellt.

In einem Lied, welches aus andern Gründen nicht zu den Heldenliedern **ist gestellt**. —
(Vorwort zu den altdänischen Heldenliedern,
Heidelberg 1811.)

Jetzt erst ist möglich, zu erklären, was „anschauen" heiße, ein Ausdruck, mit welchem ein heilloser Mißbrauch vielfältig **ist getrieben worden**. (Herbart, Lehrb. z. Psychologie.)

Jakob Grimm, der sehr zu der französischen Wortfolge neigte und wiederholt darauf hinwies, wie nachtheilig unsere deutsche Wortfolge für das Verständniß sei, brachte mitunter Constructionen, die weder deutsch noch französisch und äußerst unbeholfen sind. Z. B.:

> Je näher wir dem Rande des Grabes kommen, desto ferner weichen von uns sollten Scheu und Bedenken.
> (Rede über d. Alter.)

> Wozu auf diesen Mann gegründet eine Armenanstalt für mittelmäßige Schriftsteller [es ist von der Schillerstiftung die Rede], für Dichterlinge 2c. Wol Mühe haben sollen die Verwaltungsräthe öffentlich Rechnung ablegend zu rechtfertigen, wer ihrer Wohlthaten nach Verdienst theilhaftig geworden sei.   (Rede auf Schiller.)

Bisher durften unsre Lustspieldichter, wenn sie einen das Deutsche ,rabbrechenden Franzosen oder einen jüdisch=deutsch sprechenden Israeliten uns vorführten, zu der „characteristischen" Wortstellung greifen: Warum sollt' ich sein dir gram? Hast du mir doch bezahlt meinen Wechsel! — Wortstellungen, wie in Goethes Gedicht „an Lottchen": O, sie ist werth zu sein geliebt! — blieben vereinzelt. Jetzt aber gehören solche Inversionen bereits zum Erforderniß des gewählten, gehobenen Ausdruckes in unsern Romanen und Dramen. Wie nach den Regeln der Permutationsrechnung a b c d in die verschiedenste Stellung gebracht werden können, so wird bald das Object, bald das Prädikat, bald das Subject oder das Adverb in „eigenthümlicher" Weise vorangestellt.

> Auf flüsternde Liebespaare, die aus anderem Grunde als er die Einsamkeit suchten, traf Georg.
>
> Schön war der Sommerabend.
>
> Gehofft hatte er, aus dem Franzosenkriege heimzukehren.
>
> Das Dach riß ihm der Orkan über dem Haupte weg.
>
> Ungehinderten Eingang fand der sausende Wind in die Silberburg.
>
> Die Decke zog Laurentia über den Kopf.
>
> Zusammen fuhr die Enkelin und Tochter.
>
> Nieder saß Laurentia.   (Wilh. Raabe, Das letzte Recht.)

In diesem Styl ist die ganze kleine Novelle geschrieben.

Ich nehme wieder den ersten Band von G. Freytags „Ahnen" zur Hand, den Roman „Ingo und Ingraban", der (nebst seinen Nachfolgern) durch die Inversion die alterthümliche Färbung des Styls zu gewinnen sucht.

Das Subject, das voranstehen sollte, kommt an das Ende des Satzes:

Darum sage ich, nützlich ist uns sein Reich.

Draußen schoß auf die betrübten Mannen des Königs das Hagelschauer.

Das Object dagegen, das nachfolgen sollte, voran:

Den Wortkampf stille ich.

Um ein Ende zu machen mit meinen Gedanken.

Das Gemüth der Unsern kenne ich.

Dich suche ich, Ingo.

Doch das Schweigen brach Bero.

Die buschigen Brauen zog er mißvergnügt zusammen ꝛc.

Adverb voran:

Gut räthst du, Gisela.

Gut sprachst du, Fremder.

Uebel prahlt der Fremde.

Kalt war der Leib.

Auf den Helden flogen die Pfeile.

Finster saßen die Männer.

Aber auch umgekehrt: das Adverb, welches dem Verb am nächsten stehen oder auch den Satz beginnen sollte, kommt zuletzt:

Der Cäsar ließ suchen an des Stromes Rand an beiden Ufern mit trübem Sinn.

Solche Wortstellungen sind aber keineswegs nur den alterthümelnden Romanen eigen; sie sind in unserer ganzen Novellistik gang und gäbe.

Ich greife wieder zu der Novelle: Ein Frühlingstraum von Joh. Dewall, um die Stellung der Adverbialien zu beobachten, und notire:

Ich verachtete manchmal geradezu diesen Herrn; sein Wesen hatte etwas unbeschreiblich Abgeschmacktes und Unmännliches in meinen Augen.

O, mein Herzblut hätte ich vergossen mit Freuden für ihr Glück.

Ehe ich die Augen schloß an diesem Abend.

Trotzdem sie die jüngere von Beiden war, trug ihr Gesicht doch die Spuren der Jahre deutlicher.

Jene süßen Augen, von denen ich so oft geträumt hatte seitdem.

Auch bei Goethe:

Das Hin- und Herwogen der Gesellschaft verhinderte jede Art von Annäherung diesen Abend.   (W. u. D.)

Es gab Scandal auf alle Fälle.   (Ebendas.)

Noch einige Beispiele aus dem schon oben angeführten Aufsatze von Jul. v. Wickede: „Eine deutsche Flottenschau" — um zu zeigen, wie frei die Stellung adverbialer Bestimmungen im Satze ist und zu welcher Willkür diese Freiheit führt. Sagte man bisher: Der 28. Mai wird stets mit Ehren in den Annalen ꝛc. genannt werden, oder: Stets wird der 28. Mai in den Annalen der Kriegsflotte Deutschlands mit Ehren genannt werden, so heißt es nun:

> Mit Ehren wird der 28. Mai 1875 in den Annalen der Kriegsflotte Deutschlands stets genannt werden.

> Man konnte schon ein schwaches Bild einer Seeschlacht jetzt gewinnen.

(Statt: man konnte schon jetzt ꝛc.)

> Sämmtliche deutsche und schwedisch-norwegische Schiffe hier donnerten abermals den letzten Gruß.

[Vorhergegangen ist der Satz: „Gegen 10 Uhr Morgens verließ das Königspaar in dem Galaboote die Schiffe, um bei der sogenannten Barbarossabrücke zu landen." Nun wäre fortzufahren gewesen: hier donnerten sämmtliche ꝛc.]

Aus allen Stämmen Deutschlands recrutiren jetzt sich die Seekadetten und Schiffsjungen ziemlich gleichmäßig. (Statt: sie recrutiren sich jetzt ziemlich gleichmäßig.)

Wir pflegten bisher zu sagen: Für die Enthüllung des Denkmals ist vorläufig der und der Tag bestimmt. Oder — wenn Jemand sich ausdrücklich nach dem Datum erkundigte —: Vorläufig ist der 26. October festgesetzt. In der süddeutschen Reichspost vom 25. August las ich:

> Für die Enthüllung des Stein-Denkmals auf dem Dönhofsplatz ist der 26. Oktober vorläufig bestimmt.

Nicht nur unsere Zeitschriften und neueren Romane huldigen dieser Wortfolge, sie hat sich auch schon in den wissenschaftlichen Werken, in Lehr- und Handbüchern für die Schule eingebürgert.

> Aber dadurch trennten sie sich von der vulgären Aufklärerei entschieden, daß . . .

(Aber dadurch trennten sie sich entschieden von der ꝛc.)

> Neben dem Studium verschönerte auch Geselligkeit und Freundschaft die Stifts-Existenz des jungen Philosophen, an welchem jedoch etwas Außerordentliches bazumal Niemand bemerkte.

(an welchem jedoch bazumal Niemand etwas Außerordentliches bemerkte.)

> — um in einem anderen Staate und zwar zunächst in Baiern eine Stellung sich zu suchen.

(um sich in einem andern Staate eine Stellung zu suchen; oder: um in einem andern Staate, und zwar zunächst in Baiern, sich eine Stellung zu suchen.)

(Dr. K. Köstlin, Hegel ꝛc. Tübingen, 1870.)

Wir sagen im Hauptsatze: ich suche mir eine Stellung; im Nebensatze: weil ich mir eine Stellung suche —; in beiden Fällen steht das persönliche Object vor dem sachlichen. Ein besonderer Grund, das Object voranzustellen, ist nicht vorhanden.

Die Stellung des Subjects wird auch bei Conjunctionen häufig verfehlt, z. B. nach „aber". Leitet das entgegensetzende Bindewort den Nebensatz ein, so folgt das Subject selbstverständlich nach; — „aber er verräth sich in jeder Bewegung"; ist aber das Bindewort „so daß" und spielt „aber" nur eine zweite Rolle, so folgt das Subject nach jenem ersten Bindewort und kommt vor „aber" zu stehen — „so daß er aber in jeder Bewegung sich verräth". Die schwäbischen Autoren scheinen geneigt zu sein, in solchem Falle das „aber" unberechtigter Weise voranzustellen.

> Es war eines jener glänzenden Stücke [von Mozart], worin die reine Schönheit sich einmal, wie aus Laune, freiwillig in den Dienst der Eleganz begibt, so daß aber sie gleichsam nur verhüllt in diese mehr willkürlich spielenden Formen und hinter eine Menge blendender Lichter versteckt doch in jeder Bewegung ihren eigensten Adel verräth.
>
> (Mörike, Mozart auf der Reise nach Prag.)

Denselben Fehler macht Fr. Notter in seinem Schriftchen über Ed. Mörike. S. 5 heißt es:

> Hatte aber ich mich erst, als ich von den wirklichen dichterischen Leistungen hörte, auch sogleich des blondlockigen Knaben erinnert 2c.

(statt: hatte ich mich aber erst 2c. erinnert.)

Der Recensent von Laube's Erinnerungen in der A. A. Z. vom 21. August 1875, Beilage, schreibt:

> Doch rückte in Folge davon Laube zum Mitarbeiter an der Bresl. Zeitung vor.

Das Subject sollte dem Prädicate unmittelbar folgen. Doch rückte Laube in Folge davon 2c.; ebenso muß das persönliche Fürwort gleich nachfolgen: doch rückte er in Folge davon 2c.; nicht: doch rückte in Folge davon er zum Mitarbeiter an der B. Z. vor.

Auch das Wörtlein „ja" weiß oft nicht, wohin? — wenn es sich auch nicht zu solchen Sprüngen, wie sie die Verneinungspartikeln vorführen, erhebt.

> Es ist ein ja bekannter Stolz aller Detailforscher, und besonders der Localhistoriker 2c. (statt: es ist ja . . .)
> (b. Inama-Sternegg, Die Entwickelung d. b. Alpendörfer. —
> A. A. Z. 30. Okt. 1875 B.)

Was aber am tiefsten in die Satzfügung eingreift, das ist und bleibt die Stellung des Prädicats in Beziehung auf seine Ergänzungen und Bestimmungen. Ist es einfaches Verb, so folgt das Object im Dativ und Accusativ nach. „Ich gebe dir mein Wort" — nicht nach französischer Weise: Ich bir gebe mein Wort. Sondert es sich in Copula und Particip oder Infinitiv, so treten die Objecte mitten hinein: „ich habe dir mein Wort gegeben", nicht: ich habe dir gegeben mein Wort. Ich werde mir das Buch kommen lassen, nicht: ich werde mir kommen lassen das Buch. Ich lernte zwischen recht und unrecht unterscheiden. Sobald aber die Bestimmungen sich häufen, werden wir auch, um der Deutlichkeit und Bestimmtheit willen veranlaßt, das ganze Prädicat ungetrennt vorweg zu nehmen: Ich lernte unterscheiden zwischen Recht und Unrecht, zwischen Bosheit und Dummheit, zwischen Wahrheit und Schein.

> Ich lernte unterscheiden zwischen dem äußerlichen vergänglichen Schmuck und dem dauernden Kern eines Kunstwerks; ich lernte meinen eigenen unreifen Geschmack beugen vor den herben Formen eines großen Meisters. (Riehl, a. a. O.)

Härter berührt uns schon folgendes Vorwegnehmen des Prädicats „glauben", obschon dadurch das Zusammentreffen zweier gleichklingender Formen („glauben" und „haben") vermieden wird.

> Solchen Vortheil kann kein Stamm glauben zu theuer gekauft zu haben oder um irgend einen Preis hergeben wollen.
> (J. Grimm im Vorw. zur b. Gr.)

Es ist wohlgethan, das Prädicat voranzustellen und das Subject folgen zu lassen, wenn dieses eine reiche Gliederung hat, über welche das Verbum Finitum vergessen werden könnte.

> Ununtersucht und völlig im Dunkeln ist geblieben theils diejenige Thätigkeit des Ich, durch welche es sich selbst als Substanz und Akzidenz unterscheidet und vergleicht; theils dasjenige, was das Ich veranlaßt, diese Handlung vorzunehmen; welches letztere, so viel wir aus der ersten Synthesis vermuthen können, wohl eine Wirkung des Nicht-Ich sein dürfte.
> (J. G. Fichte, Grundlage der ges. Wissenschaftslehre.)

Ganz besonders tritt die Nothwendigkeit, mit dem Prädicat, in welchem die ganze Schwere und Bedeutung der Aussage liegt, schnell vorzurücken, an die Redner heran, die vor der versammelten Menge zu sprechen haben. Der Leser, der mit seinem Auge schnell über die Zeilen hinwegeilt und das fehlende Verb viel schneller erhaschen kann, wird weniger ungeduldig, als der Hörer, der an das Tempo und die Pausen des Redners gebunden ist und in Erwartung dessen, was folgen soll, nicht selten auf die Folter gespannt wird. In einem Geschichtswerke wäre es ganz in der Ordnung, den folgenden Satz so zu gestalten: „Die Erinnerung an die große Zeit, wo unser Volk ein anderes Mal vereint sich gegen einen fremden Unterdrücker erhoben hatte, wo es die Bande, in denen der mächtige Herrscher jahrelang unser Volk gefesselt hielt, siegreich abgeschüttelt hatte, lag damals nahe". Doch läßt auch im gedruckten Satze in diesem Falle das Prädicat fast zu lange auf sich warten. Der Redner aber kann mit dem Prädicate nicht so lange zögern; er stellt es voran:

> Nahe lag damals noch die Erinnerung an die große Zeit, wo unser Volk ein anderesmal endlich vereint sich erhoben hatte gegen einen fremden Unterdrücker, wo es siegreich abgeschüttelt hatte die Bande, in denen jahrelang der mächtige Herrscher eines Nachbarreiches unser unsäglich zerrissenes Vaterland gefesselt hielt.
> (Otto Preuß, Rede zur Einweihung des Hermann-Denkmals.)

Da tritt auch im Nebensatze das Prädicat vor das von ihm abhängige Object, während in der gewöhnlichen Wortfolge das letztere vorangestellt wird, namentlich wenn es keine weiteren Bestimmungen durch Nebensätze erhält. Wie schwerfällig würde die Fassung des vorstehenden Satzes werden, wenn das Prädicat „abgeschüttelt hatte" die Periode schlösse!

Nun aber entsteht die Frage, ob es in einfachen oder wenig ausgebildeten Haupt- und Nebensätzen gestattet sein soll, der französischen Wortfolge sich zu bedienen, ohne daß rhetorische, logische, ästhetische Gründe dazu nöthigen. Luther's Bibelübersetzung hat uns zum Theil an diese Wortfolge gewöhnt —:

> „Dieweil ich bin in der Welt, bin ich das Licht der Welt." — „Ich habe ihnen gegeben dein Wort." „Alle Dinge sind mir übergeben von meinem Vater." „Dieweil du hast gehorchet der Stimme deines Weibes und gegessen von dem Baum" ɪc.

Auch das Nibelungenlied bringt oft und gern solche Constructionen —: „die junge Markgräfin nahm bei der Hand Giselher den jungen" —. Sie haben in diesen alten Schriftwerken den Reiz des Naiven, Alterthümlichen, und auch des Feierlichen. Allein in unsern modernen Romanen werden sie auffallend und anstößig. Sätze, wie sie Brandstäter S. 135 u. ff. zusammengestellt hat, z. B. die aus Dingelstedt's Romanen: „Seine Eitelkeit ist geschmeichelt, weil er die schönste Frau vorgestellt hat als die seinige". „Ich sparte mir am Munde ab den Zucker, womit ich es fütterte". „Ich gab mich dadurch selbst preis, dünkte mich, dem Gelächter und der Verachtung", gewinnen durchaus nicht an Deutlichkeit und Bestimmtheit in dieser unserer Sprachsitte nicht zusagenden Wortfolge. Auch der Relativnebensatz nöthigt in folgender Periode nicht zum Zurückstellen des Objects, das er erläutert:

> Und es gab ein ergreifendes Bild, diese schweigsam wogende Menge, aus der nur zuweilen ein leichtes Aufschluchzen erklang, sowie zu sehen war das Leuchten weißer Taschentücher, die gegen thränende Augen gedrückt wurden.
> (F. W. Hackländer, Kullen, I.)

— statt: sowie das Leuchten weißer Taschentücher zu sehen war, die gegen thränende Augen gedrückt wurden.

Drei Umstände (nach neuestem Sprachgebrauch hätte ich sagen sollen „Momente") wirken zusammen, daß diese Wortfolge mehr und mehr auch in prosaischen Schriften Raum gewinnt.

Erstens: Die Zunahme der Lectüre von Uebersetzungen aus dem Englischen und Französischen. Die große Anbequemungs-Fähigkeit und Anbequemungs-Lust der Deutschen macht Anglicismen und Gallicismen unvermeidlich, nicht allein im Lexikalischen, sondern auch in der Syntax.

Zweitens: Die Zunahme der Kenntniß und des Gebrauchs beider Sprachen. Die Gegensätze stumpfen sich ab und gleichen sich aus, je öfter sie sich berühren.

Drittens: Die Thatsache, daß, nachdem wir Jahrhunderte lang nur ein schreibendes Volk gewesen, wir nun auch ein redendes geworden sind. Nicht nur der Redner im Abgeordnetenhause oder in der Volksversammlung, sondern auch wer nur einen längeren Trinkspruch bei Tische ausbringt — neigt sich der französischen Wortfolge zu und findet sie bequem.

Gegen Thatsachen läßt sich nicht streiten und sie bejammern ist unnütz. Daß eine lebendige Sprache ebensowohl an der Eigenthümlichkeit ihrer Wort- und Satzfügung einbüßt, wie sie in ihren Wortformen und Lautverhältnissen an Schönheit und Schärfe verliert, je mehr das in ihr ausgeprägte Gedankenleben sich entwickelt und nach dem kürzesten und bequemsten Ausdruck ringt: das ist ein mit ihrer Entwickelung unabänderlich verbundenes Gesetz, das wir, wie jedes Naturgesetz, anerkennen müssen.

Die Verfasser der Streitschriften wider Gallicismen und Latinismen, sowie jener größeren und kleineren zur Reinigung und Reinhaltung der hochdeutschen Schriftsprache bestimmten Bücher, die sie selber mit dem barbarischen Titel „Antibarbarus" versehen haben, sind nicht frei geblieben von dem Irrthum, als ob die Entwickelungsstufe, auf welcher sie die Sprache fanden, die Vollendung — und der Standpunkt, von welchem sie dieselbe anschauten, der endgültige und allein maaßgebende sei. Wie aber der Grammatiker nicht mit Allgemeinbegriffen an die Sprache herantreten und mit logischen Schablonen sie meistern darf, mit andern Worten: wie nur die historische Grammatik die allein berechtigte ist —: so dürfen auch die „Sprachreiniger" nicht außer Acht lassen, daß sie es mit einem veränderlichen Gegenstande zu thun haben und ihr eigener Standpunkt nur ein beziehungsweis richtiger ist. Wenn sie das vergessen, so gerathen sie auf Abwege, indem sie Forderungen aufstellen, denen Niemand Folge leistet; indem sie den Schein des Uebertriebenen und Lächerlichen sich selber geben, erschüttern sie das Vertrauen in ihre an sich so verdienstlichen und vom edelsten patriotischen Geiste eingegebenen Strebungen. Immer aber ist zu viel Strenge noch besser als zu viel Schlaffheit. Jede Schrift, die wider das faule Sichgehenlassen ankämpft, welche den so tief im deutschen Wesen eingewurzelten Hang bekämpft, dem Fremden sich hinzugeben und es höher zu achten als das Eigene, ist verdienstlich und zeitgemäß. Denn zu jeder Zeit bringen wir neben Gutem und Werthvollem aus der Fremde viel eiteln Tand und leeren Prunk mit nach Haus.

Im Verlage von Friedrich Brandstetter in Leipzig ist ferner erschienen:

A. Lüben,
Grundsätze und Lehrgänge
für den Sprach- und Leseunterricht.
Vierte verbesserte Aufl. 8. 4¼ Bogen. geh. 1 Mark.

Als dem Herrn Verfasser die Leitung der Bürgerschulen zu Merseburg übertragen wurde, erhielt er den Auftrag, Lehrpläne für dieselben aufzustellen; diese enthielten jedoch nur die Grundzüge für die Organisation der genannten Schulen und stellten die Ziele für die einzelnen Klassen nur im Allgemeinen fest. Einer spätern Zeit blieb es vorbehalten, den Stoff spezieller zu fixiren und das auf jeder Unterrichtsstufe dabei einzuschlagende Verfahren genauer zu bezeichnen. Dies ist nun in den „Grundsätzen" mit der Arbeit über den Sprach- und Leseunterricht geschehen, und der Erfolg hat des Herrn Verfassers Ansicht: daß eine derartige Arbeit auch für andere Bürgerschullehrer Interesse und Nutzen gewähren möchte, bewahrheitet. Der Lehrer findet in dem Schriftchen zugleich die nöthigen Fingerzeige für das Verfahren beim Unterrichte und eine zur Veranschaulichung der Sprachgesetze ausreichende Beispielsammlung.

In genauer Verbindung mit dem Werkchen steht:

A. Lüben,
Ergebnisse des grammatischen Unterrichts
in mehrklassigen Bürgerschulen.
Nach methodischen Grundsätzen geordnet und bearbeitet. Neunte verbesserte Auflage. 8. 4¾ Bogen. geh. 40 Pf.

Der Ausdruck „Ergebnisse" deutet an, daß der Schüler das Schriftchen erst zur Hand nehmen soll, nachdem er die darin aufgestellten Regeln und Gesetze im Unterricht vollkommen erkannt und in fließendem Deutsch ausgesprochen hat. Ist das aber geschehen, dann möge er zu Hause durch wiederholtes Lesen das Erkannte zum unverlierbaren Eigenthum machen. Sicherheit in der Grammatik wird ihn vor vielen Fehlern im Sprechen und Schreiben bewahren.

J. G. F. Pflüger,
Geordnete Sammlung von Mustersätzen
für den Unterricht in der deutschen Sprache.
Für gehobene Volksschulen, Bürger- und Töchterschulen, Realschulen, Seminarien ꝛc. bestimmt. Dritte, vermehrte und verbesserte Auflage. 8. 15½ Bogen. geh. 1 Mark 60 Pf.

Dieses Werkchen soll den Lehrern beim Unterricht in unserer Muttersprache als Handbuch dienen, aus welchem sie der Jugend Musterbeispiele für die einzelnen Theile der zusammenhängenden Rede vorführen können. Sämmtliche Beispiele wurden klassischen oder doch mustergültigen Schriftstellern entnommen, und ging der Herausgeber bei deren Auswahl, sowohl was die Form, als den Inhalt betrifft, mit der größten Umsicht und Sorgfalt zu Werke.

J. M. Jost,
Die Schule des freien Gedanken-Ausdrucks
in Rede und Schrift.

Für höhere Klassen der Realschulen und der Mädchen-Erziehungsanstalten, wie für den Haus-Unterricht. gr. 8. 20¼ Bog. geh. 4 Mk.

Das auf 30jähriger Erfahrung sich stützende Streben des Herrn Verfassers geht dahin, die Jugend beiderlei Geschlechts, welche einer höhern Bildung zugeführt werden soll, nach Ueberwindung der ersten Elemente immer mehr in Stand zu setzen, daß sie e i g e n e G e d a n k e n gut und schön ausdrücke. Zu diesem Zwecke ist in der Einleitung das Wesen dieses Unterrichtszweiges und Winke über das Verfahren des Lehrers gegeben, im zweiten Theile aber werden so viele Aufgaben jeder Art (857 an der Zahl) mitgetheilt, als ausreichend sein möchten, um eine Reihe von Jahren hindurch die Jugend stufenweise bis zur Erlangung einer gewissen Selbständigkeit zu üben, nebst eingestreuten Anleitungen für die Herren Lehrer, die vorhandenen Aufgaben zu vermannigfachen.

Albert Richter,
Der Unterricht in der Muttersprache
und seine nationale Bedeutung.
(Gekrönte Preisschrift.)

8. (9¼ Bogen.) geh. Preis: 1 Mk. 50 Pf.

Der Verfasser dieser von der Diesterwegstiftung zu Berlin preisgekrönten Schrift, auf dem Gebiete des deutschen Sprachunterrichts durch seine früher erschienene Preisschrift: „Ueber Ziel, Umfang und Form des grammatischen Unterrichts in der Volksschule" bereits vortheilhaft bekannt, erörtert in der Einleitung zunächst das Wesen der nationalen Bildung, zugleich deren Verhältniß zur kosmopolitischen und confessionellen Bildung beleuchtend. Die Ergebnisse dieser Untersuchung wendet er sodann auf den Unterricht in der deutschen Sprache an. Ausgehend von dem Satze, daß echter Nationalsinn sich nur entwickeln könne auf der Grundlage eines historischen Verständnisses der Nation und ihrer Güter, bringt er für den grammatischen Unterricht auf größere Berücksichtigung der Ergebnisse der neueren Sprachwissenschaft, namentlich auf weiter gehende Belehrungen auf den Gebieten der Etymologie und der Mundart. In dem dann folgenden Abschnitte, der von den für die Volksschule gehörigen Schätzen der Nationalliteratur handelt, wird namentlich der in ihrem Werthe noch nicht hinreichend anerkannten volksthümlichen Literatur, der Literatur der Volkslieder, Sagen, Märchen, Sprüchwörter rc. das Wort geredet und neben den Schätzen der neueren deutschen Literatur auch mancher ältere Schatz als für die nationale Aufgabe der Volksschule wichtig nachgewiesen. Kürzere Abschnitte über die Behandlung des Lesebuches, über deutsche Aufsätze, Auswendiglernen, Schülerbibliotheken rc. gehen jenen größeren Abschnitten zur Seite und vervollständigen das von dem Verfasser entworfene Bild eines deutschen Sprachunterrichts. Die Schrift, eben so reich an interessanten Belehrungen aus dem Gebiete der neueren Sprach- und Literaturkunde, wie an vortrefflichen Winken für die Praxis des Lehrers, ist durchaus geeignet, dem volksthümlichen Elemente die rechte Stelle innerhalb des Volksschulunterrichtes anzuweisen und somit eine Fortentwickelung des deutschen Schulwesens zu fördern, die unsere Zeit gebieterisch zu fordern das Recht hat.

Pierer'sche Hofbuchdruckerei. Stephan Geibel & Co. in Altenburg.